発達心理の専門家が解説！　心の成長がよくわかる

0歳〜6歳 子どもの社会性の育て方

主体的で仲間と協力できる子に

湯汲英史●著

Gakken

成長著しい幼児期

　5歳の子どもと3歳の子どもは、対等にはあそべません。関わったとしても、5歳が3歳の世話をするのがメインとなります。3歳の子どもは、5歳の子どもたちのあそびのルールがわかりません。結果的に、5歳の子どもたちのあそびを邪魔することになったりします。

　大人になれば、2歳の違いなど関係ありません。気が合えば、一緒に外出や会話を楽しめることでしょう。ところが幼児期の子どもはそうではありません。1、2歳の違いによって、運動能力ばかりではなく、もののとらえ方、考え方、振る舞い方に違いが見られます。もちろん、コミュニケーション能力や、絵や粘土などで製作する力にも差があらわれます。

発達への理解がないと……

　以前、新幹線に乗っていた時、後ろの座席のお母さんが、自分の子どもがちゃんと座らないからと、聞くに堪えないようなことばを使い怒っていました。怒られている子どもの年齢は、4、5歳でした。

　また、これは保育園で聞いた話ですが、自分の子どもが転んだ時に「ざまーみろ」と言うお母さんがいたそうです。このお母さんは、日頃の育児で疲れ果てていたのかもしれません。

　母親の中には、2、3歳の子どもが言うことを聞かない時に、「わたしのことをきらっている。だから言うことを聞かない」と考える人がいます。このお母さんには、「2、3歳は自我が芽生えてくる

年齢」という知識が、たぶんないのでしょう。「きらわれている」というとらえ方は、一歩間違えば虐待にもつながりかねません。

　一方で、子どもの言いなりになるお母さんもいます。子どものやりたいようにやらせながら、幸せそうではなく疲れているように見えます。

　紹介したお母さんたちの姿ですが、おそらく子どもへの愛情はあるのだろうと思います。でも、子どもの発達への無理解があり、気持ちが空回りしているのでしょう。「いっぱいいっぱい」での育児だから、余裕がなく、不適切な対応につながってしまいます。

子育てに見通しをもてるように

　本書の目的は、主に幼児期を中心として、子どもの様々な領域での成長の姿を示すことです。

　子どもの成長の姿を理解しないと、子育てに「見通し」がもてません。そのために、子どもに対して自分勝手な解釈や、自己流の関わり方になってしまいます。子どもの成長には、年齢や時期に応じた段階があります。その段階に合わせた関わり方をすることで、健やかな発達が期待できます。

　そして、もしもこの本が、子育て中の親を中心とした大人の、子どもについての理解に役立つことがあれば幸いです。

湯汲 英史

もくじ

はじめに ……… 2

序章 「気になる子」の姿から導く 子育て10か条

「気になる子」が増えている? ……… 8
学ぶべきことを学ぶべき時に ……… 9
1. 安定した毎日を保障する ……… 10
2. 「認められたい」気持ちをはぐくむ ……… 11
3. 決定権を誤解させない ……… 12
4. 気持ちのコントロール力をつける ……… 13
5. 「あきらめる」心をはぐくむ ……… 14
6. 集団参加を促す ……… 15
7. マイ(my)ルールからアワー(our)ルールに ……… 16
8. 「感じ」を克服する力をはぐくむ ……… 17
9. 取り組みの過程を励ます ……… 18
10. 子育てを楽しむ ……… 19

1章 愛着の形成

愛着に関わる発達過程表 ……… 22
守ってくれる人と……愛着の築き
1. 子どもの心に生まれるもの ……… 23
2. 何に気づくのか
 ……「守られること」と「認められること」……… 27
3. 何を得るのか
 ……勇気と希望、そして「悲しませたくない」……… 30
4. 愛着関係を築くには
 ……子どもは学びたがっている ……… 32
5. 愛着が築けない ……… 35
 COLUMN 愛着を築きにくいと感じる人へ ……… 37

2章 感情の育ちと共感

感情・共感に関わる発達過程表 ……… 40

感情が育ち……そして共感へ
   1. 気持ちの育ち ……… 41
   2. 生まれる共感 ……… 43
   3. プラスの感情、マイナスの感情 ……… 46
   ⓒⓞⓛⓤⓜⓝ マイナスの感情と社会性の発達 ……… 48
   4. ことばで確認する ……… 49
   5. あそびを通して共感する ……… 52
   ⓒⓞⓛⓤⓜⓝ「不安」を「人」によって解消される経験が大切 ……… 56

3章 自我の育ち

自我に関わる発達過程表 ……… 58

自分を発見……自我の芽生え
   1.「自分の」という気持ち ……… 60
   2. ワーキングメモリの成長 ……… 62
   3. ことばの力と相対的な見方 ……… 64
   4. 思い通りにしたい ……… 65
   5. 他者の発生 ……… 69

他者を意識……自我の発達
   1.「好き」という気持ち ……… 72
   2. 役割に気づく、そして役立ちたい ……… 74
   3. 内面への気づき ……… 76
   ⓒⓞⓛⓤⓜⓝ 人をからかう子ども ……… 78
   4. 自分の考え ……… 79
   5. 記憶と振り返る力 ……… 82

自分の考えを主張……自我の成長
   1.「勝ちたい」という思い ……… 84
   2. ほかの子と比較する ……… 86
   3. 集団への意識 ……… 88
   ⓒⓞⓛⓤⓜⓝ 集団がメタ認知を育てる ……… 91
   4. 仲間への思い ……… 92
   5. 道徳や知識が判断基準に ……… 94
   ⓒⓞⓛⓤⓜⓝ 判断基準を獲得しながら自己を形成 ……… 96

4章 自立に向けて

自立に関わる発達過程表 ……… 98

自分でできる……自立する力をつける
  1. イメージする力 ……… 99
  2. やり方を学ぶ ……… 101
  3. 自分なりに工夫しながら学ぶ ……… 102
  4. 計画・実行・評価 ……… 104
  5. 自信をもつ ……… 106
  COLUMN 進級、就学期の期待と不安 ……… 108

5章 ことばの育ち

ことばに関わる発達過程表 ……… 110

応答することで育つ……ことばの発達と環境
  1. 応答的環境で育つ ……… 111
  2. コミュニケーション能力 ……… 114
  COLUMN 応答的な関わりがことばを育てる ……… 116
  3. 疑問詞の発達 ……… 116
  COLUMN 主張に理由をつける ……… 118
  4. 読んであげる ……… 119
  5. 役割あそび・劇あそび ……… 122
  COLUMN 「見立てる力」の発達 ……… 124

おわりに ……… 126

※本書では、保育園、幼稚園、こども園などを総称して「園」、保育士、幼稚園教諭などの保育に関わる人を総称して「保育者」ということばを用いています。

序章

「気になる子」の
姿から導く

子育て10か条

親をはじめとした子育てに関わる大人が、
心にとめておくべき点をまとめました。

「気になる子」が増えている？

　子どもの発達に関わる仕事について50年ほど、園にうかがっての発達相談を始めてからも40年余が過ぎました。発達障害専門のクリニックで働いているのですが、1990年代半ば頃から、落ち着きがないとか、社会性に問題があるという子どもが来るようになりました。そして2000年前後からは、発達障害といえるかな……？と悩むような「気になる」とされる子どもが増えてきました。

　もともと「正常」には定義がありません。一方で、診断名と診断基準は新たに作ることができます。

　2000年前後から始まった発達障害のある子どもの増加は、診断名が増えたことによる影響がうかがえます。つまり、問題の範囲が広がった結果、正常の範囲が狭くなったのではないかということなのです。この背景には、子どもを見る目がとても厳しくなったことがあげられます。

　大人のように落ち着いて、社会性もあって、ちゃんとコミュニケーションが取れる子ども像が求められています。しかし、自分の子ども時代を振り返ってみれば、そういう子はまれでしたし、極端な少数派だったと思います。

　子どもは落ち着かず、騒がしく、大人の言うことは聞かなくて、おおむね自由奔放でした。子ども集団も存在し、大人の世界とは別の社会がありました。

　そういう体験からすると、今の子どもたちに求められていることは非常にレベルが高く、その結果として発達障害のある子どもが増加していると思えてなりません。

学ぶべきことを学ぶべき時に

　筆者の勤めるクリニックには、発達障害診断名のつく子どもが多数来ています。学業的に見てとても優秀な子どもや青年もいて、ゆくゆくは日本の中枢でリーダー役を果たすのではないかと思わせます。

　ではどうしてそういう子どもが来ているのか……。それにはいくつかの理由があると思うようになりました。

　発達は連続線の上にあり、段階を追いながら進んでいくと考えられています。例えば2歳台の課題、学ぶべきことを獲得していないと、その課題をずっと引きずっていく可能性があります。その結果、発達障害に見えてしまうのです。

　小学生になったらとか、中学生になればという希望的な思いをもちますが、実際には、子どもは学ぶべきことを学習しないと幼いままにとどまりがちです。

　人の一生には出会いがあり、転機がやってくることがあります。子どもにも、よい出会いがあり、それがよい転機となることもあります。ただ、そういう偶然ばかりを期待していては、子ども自身の認識が変わらず、社会に適応できなくなってしまうことも考えられます。

　そこでまず序章として、今の子どもの「気になる」姿をもとに、子育てにおける10か条をあげてみました。これは、親をはじめとして、子どもの育ちに関わる大人が基本的に心がけるべき要点です。こういう視点をもつことで、子育てへの理解が深まり、結果的に子どもの将来によい影響を与える……そう確信しながら、述べていきます。

　振り返りの視点として、お読みいただければ幸いです。

> 気になる…

ぐずぐず、不機嫌な子ども

- 登園の際、別れる時にぐずる
- 午前中に不機嫌なことが多い
- 園での活動で、素直に活動に参加できない
- ごろごろしていることがある
- 日によって気分にムラがある

1. 安定した毎日を保障する

　子どもは、生理的な状態によって言動が左右されやすいものです。生活リズムが整い、十分な睡眠と規則的な食事をとると気持ちも安定します。一方で、生活リズムが乱れ不安定になれば、赤ちゃんがぐずるように不機嫌になりがちです。

　子どもが不機嫌な時に、親は心理的な原因を探しがちです。しかし、それよりも生活リズムなどに注目し、その改善を図った方が子どもの状態はよくなることでしょう。

　生活リズムを考える時、特に睡眠が子どもの状態に影響するので、寝る時間を決め、子どもに明確に伝えた方がよいでしょう。また、寝る前には、テレビゲームなど神経を刺激するあそびはさせない、寝る時には部屋を暗くし、テレビなどを消し、静かな環境にするなどといったことが望ましいです。

あわせて読みたい……P.23、41、111 →

> 気になる…

大人の評価を求めない子ども

- 「見て！ 見て！」と言ってこない
- 不活発である
- 感情が爆発しやすい
- べたべたしてくることがある
- 反抗的である

2. 「認められたい」気持ちをはぐくむ

　子どもが、大人からの評価を求めだすのは２歳前後からです。「お兄ちゃんだね」「お姉ちゃんになったね」とほめられると、うれしそうにします。なぐりがきの絵を持ってきて「見て！ 見て！」とせがむ姿も見られます。親は子どもの要求に対して、「じょうずだね」などとこたえ、大げさにほめることでしょう。

　子どもは承認を得られることで、物事への意欲や努力がわきます。感情が爆発しやすいのは、承認されていないために感情をコントロールする力が未熟な状態にとどまっているのかもしれません。過度にべたべたするのは、認められたいという気持ちのあらわれなのでしょう。

　認められれば運動や学習への意欲もわきます。ちゃんとできないと「恥ずかしい」「かっこわるい」という気持ちも生まれてきます。その気持ちが、学びへの意欲を高めます。

あわせて読みたい……P.27〜30、51、69 →

> 気になる…

自分の思い通りに
したがる子ども

- なんでも思い通りにしたがる
- 人のものを勝手に使う
- ほかの子どもとの争いが多い
- 人に指示や命令をしがち
- 自分から折れることができない

3. 決定権を誤解させない

　子どもは、2歳前後から自分の思い通りにしたいという姿を見せます。この時に親や周囲の大人と衝突しながら、思い通りになることばかりではないと学ぶ必要があります。

　友達とあそんでいる時に、人のおもちゃを勝手に使う子は、それが自分のもので、自由に使えると思っているのでしょう。だから「貸して」と言えず、相手からの「いいよ」の返事を待てません。

　何事も自分の思い通りにしたがる子どもは、ほかの子との争い事が起こりやすくなります。また、こういう子どもは大人に対しても、指示や命令をする傾向があり、生意気な子どもに思われたりします。我が強いというよりも、決定権を誤解しているととらえて、「買うか買わないかを決めるのは親」というように、要求していることについて、だれが決めるかをことばにして教える必要があるでしょう。決定権を誤解していると、人の意見を聞き入れにくくなり、話し合いをしても、自分から折れることがなかなかできません。社会性が未熟な段階といえるでしょう。

あわせて読みたい……P.65〜69 →

気になる…

気持ちの切り替えが うまくいかない子ども

- 場面が変わる時に抵抗する
- ことばで思いを表現できず、泣いて騒ぐ
- 声が大きく動作が激しい
- 落ち着きがない
- 感情的になりやすい

4. 気持ちのコントロール力をつける

　泣いて要求を訴える赤ちゃん時代から、子どもはだんだんと泣かなくなります。泣くという行動から、「やりたい」「いや」など言語によって自分の思いを表現するようになります。この姿から、「発達は行動化から言語化に進む」と表現したりします。

　大人は、一般的に3歳前後から、泣いて要求する子に対して、「泣いていたらわからない」「泣かないで話しなさい」「小さい声で言いなさい」と伝えだします。行動化から言語化へ促す、大切な働きかけです。

　感情のコントロールができない子は、喜怒哀楽の中でも「怒り」を強く出します。「怒らないよ」と言って、怒りを自制できるようにしていく必要があります。

あわせて読みたい……P.52〜53、64〜66、84〜89 →

13

> 気になる…

あきらめられない子ども

- 「仕方がない」とあきらめることができない
- 「たぶん」と言わない
- 「～かもしれない」を使わない
- あきらめられずに泣き騒ぐ
- 自己主張が強い

5. 「あきらめる」心をはぐくむ

　子どもは、3歳頃から大切なおもちゃなどが壊れたり、なくしたりした時に、「仕方がない」とあきらめられるようになります。あきらめられない子には、「残念」「仕方がない」と声をかけて、気持ちをコントロールできるようにする必要があります。

　ことばの発達では、4歳過ぎから「～かもしれない」ということばがわかってきます。例えば、欲しいおもちゃがお店に「あるかもしれないし、ないかもしれない」と言ったりします。お店に行って、ない時に騒ぐ子どもには「ないかもしれない」と話しておく必要があります。

　また、子どもは「たぶん」を使いだしたら、出来事に対して柔軟に対応できるようになります。予定の変更などができにくい子どもには、「たぶん」や「～かもしれない」ということばを教えましょう。

あわせて読みたい……P.84～85 →

> 気になる…

集団活動が苦手な子ども

- ほかの子と手をつなぎ続けられない
- 列に並び続けられない
- クラスの子どもの名前を知らない
- 集団での活動ができない
- 「みんな、話を聞いてくれない」と怒る

6. 集団参加を促す

　例えば園で集団活動ができないという場合、自分の所属しているクラス・集団を意識していないことがあります。こういう場合、ほかの子どもの名前を覚えていないことが多いようです。家で園での様子を聞きながら、クラスの子どもの名前を尋ねて、覚えるように促しましょう。

　また、仲のよい子とあそぶ時、手をつないで散歩をするなど、まずはほかの子どもへの意識をもてるように、ママ友などに協力してもらうとよいかもしれません。列に並ぶのが苦手な場合は、「順番にやるよ、列に並んでね」と話し、列作りの目的を伝えます。目的を話すと理解し、並べる子どももいます。

　「（園で）話を聞いてくれない」と怒る子どもは、集団への帰属意識（その集団に自分が所属しているという意識）がもてていない可能性があります。帰属意識を高めるため、活動の際に役割を作ってもらうなど、子どもが通う園の保育者などに相談してみましょう。

あわせて読みたい……P.52〜53、89、91〜93、123 →

15

> 気になる…

約束・ルールを守れない子ども

- 決められた約束事を守れない
- あそびのルールを守れずに自分勝手な行動をとる
- 自分のやりたいことができないと怒る
- 約束することがよくわかっていない
- 指示、命令に対して拒否する

7. マイ(my)ルールからアワー(our)ルールに

　役割を分担したり協力したりするあそびには、「順番」「貸し借り」「協力し合う」などのルールがあります。また、そのあそびやゲーム自体のルールもあります。これらのルールがわからない子どもは、友達と協力してあそぶことが難しいでしょう。

　もともと子どもは、目に見えない「ルール」の理解には時間がかかります。そんな中、順番は、目で確認できるのでわかりやすいルールのようです。滑り台であそんでいる時などに、順番を意識できるよう、「○○ちゃんの次だよ」などと言葉をかけてみましょう。

　4、5歳で約束ができるようになると、一方的な指示、命令に従わない子どもが出てきます。その場合は、「○○の後に〜するよ」「10やったらおしまいね」「○分までしたら〜しよう」というように約束を決めて、それに従うように伝えていきます。子どもによっては、回数や時間など数で示される目安が有効なことがあります。約束をすることで、マイルールからアワールールにしていきましょう。

あわせて読みたい……P.52〜53、66〜67、93 →

> 気になる…

自己主張が強すぎる子ども

- 「ぜったいいやだ」と言い張る
- いやなことはしなくていいと思っている
- 「きらい」と言って、やろうとしない
- 「ちょっと暑い」など、程度を言えない
- 乗り越える体験をしようとしない

8. 「感じ」を克服する力をはぐくむ

「疲れた」「暑い」と感じるのは自分です。ただ、自分の「感じ」を主張しすぎると、周りには不平不満に聞こえ、いやな思いをもたせます。一方で「感じ方」は、社会性が影響します。

子どもは、4歳くらいから自分の「感じ」に程度をつけるようになります。「ちょっと」なら「大丈夫、我慢できる」と思うようになります。感じ方を意識しだしたといえます。6、7歳になると、「暑いけれど、歩いた」「疲れていたけれど、やれた」というように、自分の「感じ」を乗り越えていくことに誇りをもつようになります。

子どもは一般的に「きらい」とは言わないようです。そのかわりに「きらいかもしれない」「きらいなことがある」とあいまいに表現します。「きらい」をよく使う子どもには「にがて」などに言い換えるよう促し、克服できることを伝えましょう。

あわせて読みたい……P.42〜44、49〜50 →

> 気になる…

頑張ろうとしない子ども

- いやなことはしようとしない
- 努力をいやがる
- お兄ちゃん（お姉ちゃん）になりたいという意欲が薄い
- めげてしまいがちである
- よくすねる

9. 取り組みの過程を励ます

「できそうもない目標を与え、途中の頑張りを認めず、結果だけで評価する」と、子どもは取り組みへの意欲をなくすことでしょう。

子どもは本来、失敗にめげず、果敢に挑戦し、いろいろなことができるようになっていきます。失敗にめげない状態を、「自己安定感がある」ということがありますが、なわとび、自転車、読み、書き、計算など、子どもが次々にできるようになるのは、自己安定感の支えがあるからだとも考えられています。

「できる目標を与え、途中の頑張りを認め励まし、結果だけで評価しない」ことが、子どもの自己安定感を高めます。

特に大切なのは、取り組みの過程における「頑張っているね」という承認と励ましであり、あわせて「きっとできるようになるよ」と見通しを与えることです。

あわせて読みたい……P.48〜49、86 →

気になる…

感情・感動が薄い……
いろいろなことが
気にかかる子ども

- 物事に積極的に取り組まない
- できた時の感動が薄い
- 役割への意識が弱い
- 自分でやりきる気持ちが弱い
- 「大人になったら○○になりたい」と言わない

10. 子育てを楽しむ

　物事に消極的で、感情も感動も薄い傾向がある……こういう子どもの場合、これまで述べてきたようなことが複雑に重なっている可能性があります。あげてきた対応策を、いくつか試してみる必要があるでしょう。

　なお、こうした子どもの気になる姿の背景に、現代の育児環境の問題があげられます。育児をする際に、相談相手がいないことが指摘されています。

　本来、子育ては楽しいはずなのですが、仕事や家庭、そのほかのことで心に余裕がもてないことがあるかもしれません。また、先の見通しが立たないための育児不安、育児困難になっている可能性もあります。もしそのような場合は、本書でも掲載している子どもの成長の姿や発達の目安を見てみましょう。「今の大変な状況が永遠に続くわけではない」ことがわかり、安心できるのではないでしょうか。

あわせて読みたい……P.35〜37 →

以上、子育ての10か条を知ったうえで、次章からは、さらに深めておきたい子どもの育ちについて、キーワードごとに解説していきます。このキーワードは、子どもの社会性の発達において大切な事柄としてピックアップした以下の5つです。

●愛着の形成
●感情の育ちと共感
●自我の育ち
●自立に向けて
●ことばの育ち

　子育て10か条で述べてきた内容と関連する部分もあります（「あわせて読みたい」のページ番号参照）。子どもの発達の過程を追いながら、体系的に理解を深めていきましょう。

1章

愛着の形成

特定の人との間で築かれていく「愛着」。
一番身近な人（特に母親）と子の基本的
信頼関係から始まるこの「愛着」は、社
会性の発達において、とても重要なもの
です。

愛着 に関わる発達過程表

0歳
- 不快を泣いて表す
- あやすと微笑む
- 知らない人をじっと見つめる
- 基本的信頼関係の形成
- 人見知り・8か月不安が見られる
- 共同注視が見られる

1歳
- やっていい?
- 「自分」の発見
- 社会的参照行動が始まる
- 感情の分化が始まる

2歳
- じぶんで!
- 自己主張が始まる
- 他者を意識し始める
- 「一緒に」を使い始める
- 社会的承認欲求が芽生える
- ことばで気持ちをあらわし始める（社会化の始まり）
- 自他の分離が始まる

3歳
- 「好き」という気持ちが高まる
- みてみて
- 社会的承認欲求が高まる
- 大人の役割に気づき始める（決定権の理解も含む）

4歳
- 人の内面（感情）に気づき始める
- 人の評価を気にし始める

5歳
- あこがれの発生
- 仲間意識・帰属意識が芽生える
- うそをつくことがある
- ぼく(わたし)は○○ぐみ!

6歳

※この章の内容に関連の深い事柄の発達過程を示しました。
この表はあくまでも目安です。発達には個人差があります。

守ってくれる人と…… 愛着の築き

　子どもはだれかに守り、育ててもらえないと生きていくことができません。そのだれかは、子どもにとって特別な存在です。子どもにとって、毎日の出来事は楽しいことばかりではありません。怖いこともあります。そういう時に、だれかから「大丈夫」と言ってもらえたら、子どもは安心できます。「大丈夫」と言って守ってくれる人を子どもは求め、その人の体に触れると安心します。

　子どもが特定の人を求め、そして安心する、このような関係を「愛着（アタッチメント）」といいます。

1 子どもの心に生まれるもの

感じることとわかること

　赤ちゃんは、成長とともにいろいろなものに触れ、聞き、見るなど、感覚を使いながら世界を理解していきます。

　赤ちゃんには記憶する力もあり、触り、聞き、見ながら、「これは前に体験した」とか「まったく新しいもの」と、ことばにはできなくても感じていることでしょう。この時に安心できる大人がいると、子どもは安定して感じることができます。

「怖い」と「安心」

　赤ちゃんはやがて「人見知り」の時期を迎えます（7、8か月頃から）。知らない人を見ると怖がり、泣きだします。赤ちゃんが人見知りするようになるのは、

人の違いに気づくようになるからとされます。例えば、母親を特別な存在と認識し、ほかの人とは違う甘える行動や、親しみを示すようになります。

人に気づくことで、人の動きにも注意を向けられるようになります。人見知りが始まる少し前から、人の顔をじっと見つめるようになります。凝視することで、親しい人とそうでない人との区別（親疎の区別）ができるようになると考えられています。例えば、電車の中で赤ちゃんは人をじっと見つめたりします。赤ちゃんは、相手が目をそらすことができないほどに人を見つめます。この時期に、赤ちゃんは親しい人（特に母親）の顔と、そうでない人の顔の違いに気づきだすのでしょう。

人の違いに気づくことは、愛着や、特定の結びつきを得るのに必要となります。この結びつきですが、赤ちゃんだけではなく、母親の働きかけも重要となります。赤ちゃんの行動から要求を読み取り、それにこたえる「応答的な関わり」が必要とされます。おなかがすいた時、おむつが汚れて不快な時などに、それらを解決してくれることで、赤ちゃんは自分の要求が満たされます。そうやって応答されることで、赤ちゃんも「基本的信頼関係を強めていく」とも考えられています。

そして親しい人でないと、急に大泣きする日がやってきます。赤ちゃんを前抱きにしてひざに抱っこしていると、大泣きしながら後ろに強く反り返ることがあります。とても危ない反り返りですが、その動きでだれかの受け止めを求めているとも考えられています。受け止めてもらいたいとの思いは、愛着を求めての姿ともいえます。

反応してくれる存在

サイレントベビーと呼ばれる赤ちゃんがいます。泣いたり、ぐずったりすることが少ない赤ちゃんです。その原因の一つに、自分の要求を受け止めてもらえないことがあげられています。赤ちゃんの成長には、自分に反応を返してくれる存在が必要です。なお、必ずしも（母）親でなくてもいいと考えられています。病気などで赤ちゃんに手をかけられないこともあるでしょう。そこで、兄弟姉妹、あるいは血縁者が役をおうこともあります。人間が育っていく時には、様々な人が育児に関われるようにした方が、赤ちゃんの欲求にこたえられるようになっています。

赤ちゃんは非力な存在です。手をかけてやらないと育たないことを示しているともいえます。

人の真似をする
　親疎の区別がついてくると、親しい人の真似も出てきます。手をたたく、動きを真似るなど、「芸を覚える」といわれたりします。その仕草はかわいく、周りの人の注目を集めます。それを笑われたりほめられたりすることで、人への関心を高め、結びつきが強くなっていきます。
　この時期、人の顔に興味をもつ子もいます。顔にひきつけられ、相手の顔を引っかいたりする場合もあります。悪意があるからではなく、関心のための行為といえます。関心が薄らげば、こういった行動はなくなっていきます。
　人の動き、顔の表情、声の真似など、人への関心は社会性の発達には重要な要因となります。
　テレビで映し出される子どもの動きを、真似しだす子もいます。まだうまく体を動かしたり、安定を保ったりすることができないので危なっかしいのですが、自分の体を発見し、動かし方を学び始めた姿でもあります。注意深く見ながら、体の動きの成長ととらえましょう。
　この時期に増えるのは、口になんでも入れることです。身近なものを口に入れるので目が離せなくなります。これを「誤飲」といいますが、1歳前後から目

立つようになります。ただ、成長が進んでいくにつれて減っていきます。減ることの理由には、ことばの発達も影響しているようです。ことばの育ちについては、5章で触れます。

「大丈夫」と言ってくれる存在

　歩き始めて、外の世界に関心をもち始める子ども（1歳前後）。しかし、外の世界のものはすべてが安全とは限りません。痛い思いをしたり、びっくりしたりすることもあります。そこで子どもは、何かに触れる前に、大人の顔色をうかがう姿を見せ始めます。これを「社会的参照行動」といいます。
　ことばの獲得にも大切な役割を果たす「社会的参照行動」ですが、赤ちゃんがけがをせず、健康に育つためにも必要です。子どもは親から「大丈夫」と言われ、安心していろいろなものに関わることができます。

「怖さ」を乗り越える

　2歳前後になると、子どもの動きはいちだんと活発になります。背伸びをして高い棚に靴を置こうとしたり、袋にものを詰め込んで引きずったりします。自分の力を出しきり、さらに「もっと高く、強くなりたい」と思っているようです。ただ、怖い思いもあります。その時は、守ってくれる人の体に飛び込みます。
　2歳3か月の女の子でしたが、滑り台の階段を上りたいのですが動けないでいました。「怖いからいや」と言います。お母さんは「大丈夫だから」と笑いながら話しかけます。お母さんに勇気づけられた女の子は階段を上り始め、滑り降りることに成功しました。彼女はお母さんに抱きついて、笑顔いっぱいになりました。

2 何に気づくのか……「守られること」と「認められること」

「まる」「できた」がいいと思う子ども

　子どもは不思議なことに、2歳前後から「○（まる）」や「できた」がいいと思うようになります。お兄さん、お姉さんと言われると、うれしそうにします。こういう気持ちを「社会的承認欲求」と呼びます。

　「社会的承認欲求」があることで、社会的に求められ、認められる言動を効率的に学ぶことができます。もし承認欲求がなかったり薄かったりすれば、自分の基準しかもてないかもしれません。結果的に自分勝手に思えたり、自己中心的にとられたりします。また、いくつもの失敗を重ねるでしょう。これでは、効率的に学ぶことができません。

　子どもが承認してもらいたい相手は、自分のことを守り、育ててくれている親をはじめとした、愛着関係のある人です。

「できるようになりたい」という気持ちを育てる

　2歳前後から、例えば自分で描いたもの、作ったものなどを親に見せようとしだします。「見て、見て」という要求も聞かれるようになります。前述したこの「社会的承認欲求」は、成長には欠かせないものと考えられるようになっています。大人にもこの社会的承認欲求は強くあり、例えば仕事での成果を、ほかの人に認められたいという気持ちがあります。この承認欲求があることで、仕事へのモチベーションも高まり、認められることで意欲は強化されていきます。

　社会的承認欲求は、子どもの様々な活動場面で見られます。ほめられれば、意欲を高め、積極的になります。うまくできないと承認が得られず、「できない！」と泣いたり、騒いだりします。この「できない」は「できないこと」を周りにアピールする意味があります。そのことで、「できるようになりたい」という意思を表明しています。その気持ちをくみ取れれば、親はどうやったらできるようになるのかを教えようと考えます。それが子どもの本意ともいえます。この時期の「できるようになりたい」という気持ちを育てることは、子どもの意欲の育成にもつながると思われます。

子どもの心に響くほめ方を

　ほめて育てることは大切で、承認欲求をはぐくむことにつながります。ただし、最近では、ほめて育てるだけでは意欲は育たないといわれます。ルーティンワークのように、機械的にほめても、子どもの心には響かないようです。子どもが本当にできるようになりたいことを見つけ、それをかなえることによってはじめて、子どもの承認欲求へとつながるのでしょう。子どもは、自分ができるようになりたいことが、はっきりとはわかっていないかもしれません。ことばの力が未熟なことも、その一因でしょう。実現したいことを一緒に探しだすのが、親の役目かもしれません。

認められたいから努力する

　社会的承認欲求は、子どもが目指すべきこと、つまりは目標を明確にすることに役立ちます。例えば、試合に勝つことで承認されるならば、その実現に向

かって努力するでしょう。承認欲求は、目標とともに、向上心、努力と結びついています。うまくいかなかったとしても、目標が明確にあれば、挫折にめげずに再チャレンジできるでしょう。

　勉強をすることにも、承認欲求は深く結びついています。わからないことがわかるようになりたい、その思いが勉強への動機づけを高めます。意欲が育てば、目標に向かって努力することが無意識に行えるようになるでしょう。幼児期に、承認欲求を十分に育てることは、後々の生活に大きな影響を及ぼすはずです。

　子どもと関わっていると、承認欲求をたびたび感じることがあります。これは一例ですが、その子は5歳の自閉症の子で、話すことはできませんでした。たまたま、保育園で絵を描く課題に取り組んでいました。絵には、子どもの理解力があらわれることがあります。話せなくても、おおよその力を知ることができます。その力を知りたくて、近くで子どもの描く絵を見ていました。その子は筆者を一度も見ることなく描き終えました。その後に、見もしないで画用紙を筆者に渡しました。見せて、承認されたかったようです。

「自分で」と思う頃

　「自分で」と主張しだす姿から、「自我が出てきた」「反抗期になった」と表現したりします。この時期になると、大人の意見に素直に従えなくなります。子どもの発達の目的の一つは、「自分で考えて、判断し、行動できるようになること（自己形成）」とされます。人の言うことに従ってばかりでは、発達の目的に反します。2歳前後から始まる「自分で」という気持ちは、成長の証ともいえます。

「自分で」と「認められたい」という思い

　大人のことばに従う方が、失敗しなくて済むのですが、「自分で」を主張する時期の子どもは、人のことばに従いたくありません。でも、一方で「痛い」と感じ、「怖い」と思った時に抱きついて、慰め励ましてくれる存在も必要としています。一人で生きていけると思うほど、強い心ではありません。そういう思いも手伝って、子どもは少しずつ周りの人に自分を合わせられるようになります。

そして、泣いたり騒いだりして「いや」と表現するのではなく、ことばで気持ちをあらわせるようになってきます。年相応の表現ができるようになることを「社会化」といいます。この社会化は、「自己形成」と並ぶ、発達のもう一つの目的です。

　「自分で」と「認められたい」という思いに揺れ動きながら、子どもは社会化を進めていきます。この社会化を促す時に、親をはじめとした愛着関係のある人は影響力をもちます。

3　何を得るのか……　勇気と希望、そして「悲しませたくない」

勇気を与える

　愛着関係を示す子どもは、いやだったり怖かったりした時に、それをカバーする人がいることを感じています。カバーしてくれるので失敗を恐れずに済みます。物事に積極的に取り組むことができます。愛着の存在は、子どもに勇気を与えてくれるのです。

希望を示す

　物事に積極的に取り組む時、子どもには目標があります。その目標に向かいながら、自分でトライ・アンド・エラーをしながら成功していきます。そういう体験の中、子どもは自分の心の中に目標や希望を意識しだすことでしょう。

自信をつける

　子どもは実際に体験した中で、自信を身につけます。また、承認されることで自信が強化されます。子どもは教えてもらう時、ほめてくれる相手として、親など、愛着関係のある人を求めることでしょう。

しかられるといやな気持ちに

　子どもに、例えば「お母さんからしかられたら、どんな気持ちになる？」と質問すると、4歳前後から、「いやな気持ち」とか「泣いちゃう」と答えるようになります。さらに質問していくと、「お母さんから大事、大切にしてもらえなくなる」という恐れがあることがわかります。お母さんに守ってもらいたい、大事にしてもらいたい、子どものその気持ちから、親子の間に強い愛着関係があることがうかがえます。

悲しませたくない

　子どもは5、6歳になると、「うそをつくこと」や「ものを盗むこと」があります。これらは成長の過程に見られることで、なんらかの役割をもっていると思われます。うそや盗みに対しては、道徳で説教するよりも「お母（父）さんは悲しい」と告げた方が効果的でしょう。愛着関係が芽生えると、相手を悲しませたくないという思いが生まれてきます。その気持ちが、子どもの中に道徳や規範を根づかせていきます。

❹ 愛着関係を築くには……
子どもは学びたがっている

織り込まれているきっかけ

　子どもの成長の中には、愛着関係を築くための様々なきっかけが織り込まれています。子どもの姿が、大人の子どもへの見方を変え、愛着関係が形作られていくのです。そのきっかけとは、例えば次のような行動です。

- 大人と目を合わせる、笑う
- 抱かれると安心する
- 人見知り（親しい人の発生）
- 社会的参照行動（確認する）
- 社会的承認欲求（認められたい）
- 抱きついて不安を解消する
- 大事にされたいと思う
- 悲しませたくない

欲求が満たされない時には

　愛着への欲求が満たされないと、子どもは生きていく時の支えをもてず、一人ぼっちになってしまいます。守り育てられている実感ももてず、何事に対しても「大丈夫」と思えないことでしょう。家族やクラスなどへの帰属意識も育ちません。このため、だれかと一緒に何かをやることが難しくなります。家を出

てふらふらする、保育室から飛び出すといった行動には、愛着の問題も潜んでいます。

学びと愛着

　幼児や小学校低学年の子どもたちは学びたがっています。教えてもらうと、その相手に感謝します。折り紙、トランプ、キャッチボール、サッカーなどなんでもいいのです。子どもと愛着関係がうまく築けていないと感じる場合、子どもが興味をもちそうな、好きなことを教えましょう。

　子どもに教えるプロセスには、愛着関係を生み出すきっかけとなるもの（社会的参照行動、社会的承認欲求など）がたくさんあります。それらが積み重なると、子どもとの愛着関係を築き、深めていくことができます。

悩み 1

3歳児のAは、乱暴することや暴言も目立つので、保育園ではなかなかクラスになじめていないと、担任の先生から聞きました。振り返ってみると、家庭では私や夫の気をひこうとする行動が多く、少し情緒が不安定に思えることもあります。これからどのような関わり方をしたらよいのか、悩んでいます。

ADVICE

　保育園の巡回相談でこうしたお子さんに出会うことは少なくありません。同じような状態で、もともと気質的に難しい、育てにくい子どもという場合もあります。
　一方で、親子の関係は、長い年月の中で形成されるようです。前述したように、子どもは、身近な信頼できる大人（特に母親）に愛着をもち、ほめられることで自尊心が高まるので、折り紙やトランプといったあそびやお手伝いなど、日常生活の中で何かを教えるという関わりを積極的に取り入れるとよいでしょう。その際、なるべく注意したりしかったりせず、できた時にはすかさずほめましょう。理解するには時間も必要ですし、だれかと何かを一緒に行うといった経験も、考えを深めるのに重要です。
　愛着形成にはスキンシップも有効です。本人がいやがらなければ、そばに座って体に触れながら教えるとよいでしょう。
　子育ての長い時間の中で、親子はお互いのことを学んでいきます。学び合う中で、相互理解が形成され、他人への理解を深めていくのでしょう。親子関係が安定すると、ほかの人との関係の在り方も落ち着いてくると思います。
　改善がなかなか見られない場合は、ADHD、自閉症スペクトラムなどの発達障害のあるケースもあるので、専門家へ相談することが望ましいです。

5 愛着が築けない

子どもが「かわいい」と思えない

　憎しみや怒りは、一度心の中にもってしまうとなかなか消えません。消し去るのが難しい感情です。一方で、赤ちゃんを「かわいい」と思う気持ちは、すぐに忘れてしまいます。忘れてしまうので、見るたびに「かわいく」なり、何度でも赤ちゃんに笑顔を向け、話しかけ、触りたくなります。

　この「かわいい」という気持ちは、オキシトシンというホルモンと関係していると考えられています。オキシトシンは、分娩時や授乳時の刺激によって分泌されるといわれており、育児による刺激も分泌に影響すると思われます。「子どもがかわいくない」と感じる時は、オキシトシンの分泌が十分でないのかもしれません。子どもに積極的に触れるといった肌の感触刺激が、よい効果をもたらす可能性があります。

子どもへの思いが安定しない

　親からすると、子どもへの思いが変化するのは当たり前です。子どもに向かって笑いかけるだけではなく、ほめたりしかったりするのは自然なことです。ただ、気持ちが極端に揺れ動く場合、子どもは相手のことを受け止められなくなることがあります。そのため、愛着関係が築きにくくなります。「気持ちの不安定な状態」といえます。

　そのような時に、自分の正直な気持ちを話せる相手がいると、少し心が軽くなるかもしれません。親しい友人に限らず、子どもが通う園の保育者など、周囲に頼ることが子育てを楽にすることにつながります。

子どもを大人のように見ている

　2歳の子どもの自己主張を、「自分をきらいだから」「わざとやっている」と思ってしまうと話す人がいますが、子どもを自分と同じ（大人）だと勘違いしています。これには、自分自身が子どもの頃から小さな子と接していないなど、育児体験の不足も考えられます。「子どもに慣れていない」親ともいえます。

35

自分が子どもだった頃、親を困らせるようなことをしたのは、「親をきらいだったから」でしょうか？　「親を大好きだったから」「自分を見てほしかったから」ではないでしょうか。子どもと大人は違うことを、改めて考えてみましょう。子どもの発達の道筋を見直すことで、育児の見通しが立ち、認識の変化に役立つことがあります。

愛着を築きにくいと感じる人へ

愛着対象の変化

「愛着」は、乳児期の母親をはじめとする養育者との関係から始まり、成長に伴いその対象が以下のように変化していくと考えられています。

- **乳児期…母親をはじめとする養育者との基本的信頼関係の形成**

  愛着は、犬や猫などのペットにも見られる行動ともいえます。ペットでも、飼い主になれてくれば触れ合い行動を見せます。赤ちゃんも同じで、親との触れ合い行動を見せます。親しみや、愛着を感じさせる行動です。それが進むと、肌だけではなく見つめ合う行動に育っていきます。こういう行動は、触れ合うことで育てられ、信頼関係へとつながります。

- **幼児期…家族との愛着形成**

  はじめは親などから始まり、きょうだいなど一緒に暮らす人へと広がる愛着関係。愛着関係が形成され、それが家族の実感として育っていくのでしょう。意見の対立もあるでしょうが、家族として暮らす中で、子どもは助け合うことを身につけます。

- **学童期…友達との愛着形成**

  学童期になると、家族よりも広範囲な人たちとの関係が深まります。親と出かけたがっていたのが、小学生になると友達との外出、関わりを求めだします。そういう関係の中で、同世代の仲間の感性や考え方などを吸収します。このことによって、同世代の感受性も学びます。

- **青年期…友達、仲間、グループなどへの愛着形成・親への反抗（自立期）**

  青年期になると、仲間との関係は強くなります。関係は強まりますが、反発なども起きてきます。ただこの反発を通して、自分の考えも形作られていきます。愛着をベースにしながら、関係をもとに自分が変化していきます。

- **成人期…異性およびわが子への愛着形成**

  異性や子どもなど、愛着をベースにしながら、新たな人との関係が生まれていきます。愛着も、さらに形成されます。

通常こういった段階を経て、青年期以降には、愛着の対象が異性やわが子へと移っていくはずなのですが、「子どもがかわいいと思えない」という親がいます。その原因には、ホルモン分泌の影響や夫婦関係、経済状態などがあるのですが、そのほか、自分自身が親との愛着関係をうまく築けず、成人期の愛着形成も未熟だということも考えられます。

「かわいい」は、子育て意欲を高めることば

　愛着形成にスキンシップは重要ですが、子どもがかわいいと思えないのに、自分がされてこなかったスキンシップを自分の子どもにするのは、なかなか難しいという人もいます。いきなり「抱きしめて」と言われても戸惑ってしまうでしょう。

　そのような時、わが子が園の保育者などから、「かわいい」と言われた場面を思い出してください。子どもが一生懸命にお当番活動をしている様子や小さい子に優しくする様子など、かわいい姿を伝えてもらった経験はないでしょうか。

　「かわいい」ということばは、子育ての意欲を高めるとても重要なことばで、自分の子を「かわいい」と言われることで、「わが子が社会的に認められた」と感じることができます。自分の子育てや、子どもの成長に自信がもてない時、「かわいい」の一言が非常に大きな意味をもちます。

2章

感情の育ちと共感

快―不快は、様々な「感情」に分かれ、
育っていきます。そしてその感情を人と
通わせることで、「共感」が生まれます。

感情・共感 に関わる発達過程表

0歳
- 感情の基本は「快―不快」
- 人見知り・8か月不安が見られる
- 共同注視が見られる

1歳
- 感情の分化が始まる
- 社会的参照行動が始まる

2歳
- 自己主張が始まる
- 他者を意識し始める
- 喜怒哀楽がはっきりしてくる
- 社会的承認欲求が芽生える
- 社会的感情が芽生える
- 平行あそびが見られる

うれしい！おもしろい！

3歳
- ことばで気持ちをあらわし始める（社会化の始まり）
- 「好き」という気持ちが高まる
- 社会的承認欲求が高まる
- 少人数であそぶ
- 「寂しい」を使い始める
- 大人の役割に気づき始める（決定権の理解も含む）

4歳
- 人の内面（感情）に気づき始める
- 人のいやがること、汚いことばを使うことがある
- 自分の得手不得手がわかってくる
- 「つらい」「悔しい」気持ちが出てくる
- 努力を評価してほしがる
- 集団であそぶようになる
- あこがれの発生

がんばったよね

5歳
- うそをつくことがある
- 「恥ずかしい」という気持ちが出てくる
- （失敗しないように）備えるようになる

あしたは遠足だから早く寝よう

6歳

※この章の内容に関連の深い事柄の発達過程を示しました。
この表はあくまでも目安です。発達には個人差があります。

40

感情が育ち…… そして共感へ

　わたしたちは、映画や本を読みながら、友人とおしゃべりしながら、ほかの人と同じ気持ちになることがあります。人は、ほかのだれかと「共感」することができるのです。

　ここでは、「共感」がどのように生まれるのかについて考えてみましょう。

1　気持ちの育ち

赤ちゃんの気持ち

　赤ちゃんは、機嫌がよいと笑い、おなかがすいたりすると泣きます。赤ちゃんには、大人のような複雑な感情はなく、例えばおむつがぬれると不快を感じて泣くと考えられています。自分の体に感じる「快ー不快」を、ストレートに表現しているとされます。

　赤ちゃんは不快を泣いてあらわし、怒りを見せることもありますが、前述したサイレントベビーは、「静か」なために、外界と関わりをもてない赤ちゃんでもあります。

　赤ちゃんが泣いている時に、例えば「おなかすいたね、ミルク飲もうね」「おむつがぬれているね、きれいきれいにするよ。いい気持ちになったかな」というように話しかけます。こうして赤ちゃんは、自分が泣くと、こたえて、不快の原因を解消してくれる存在を発見します。「守られている」という安心感をもつことでしょう。

　また、不快の原因が取り除かれた時の、「快」の気持ちも知ります。

41

分かれていく気持ち

　赤ちゃんの「快」は、喜びや受容、愛情や笑み、甘えなどに分かれていくとされます。
　一方で、「不快」は怒り、おそれ、嫌悪、そして憎しみ、嫉妬、罪、恥などに分かれていくとされます。なお、それぞれの感情は人が生きていくうえで必要なものとされます。
　感情ですが、2種類あると考えられています。喜怒哀楽、好ききらいは、自分の心の中で感じます。これを「個人的感情」といいます。一方で、人と関わる中で生まれる感情を「社会的感情」といいます。例えば、お母さんがほかの子とあそんでいたりすると、嫉妬心が生まれます。ほかの子ができて自分ができないと、恥ずかしいという気持ちが起こります。
　このような、嫉妬心や恥は、社会的感情の一つです。

2 生まれる共感

痛みは共感を生みだす

　赤ちゃんが、「不快」を泣いて表現することで、大人との関わりが生まれるといいましたが、「痛み」もまた、大人との共感関係を生み出す感覚です。

　例えば赤ちゃんが、体を何かにぶつけて泣けば、「痛いね」と声をかけたり、なでたりします。子どもが転べば、「大丈夫？　痛くない？」と聞いたりもします。親は、子どもの「痛み」に敏感です。痛そうであれば近寄り、子どもの痛みを取り除きたいと思います。

　目で見たもの、耳で聞いたもの、食べたものの味、かいだにおい、触れた感じは記憶できます。視覚、聴覚、味覚、嗅覚、触覚などは覚えることができるのです。一方で、虫歯の痛みや切り傷の痛みはどうでしょうか。痛みは、一般的に視覚や聴覚のようには記憶できません。だからはっきりと思いだすことができません。

　記憶することが難しい痛覚ですが、人の痛みを自分のことのように感じさせる力があります。痛みは、人と人との間に想像力と共感を生みだすといえます。

　幼い子どもは、痛みを訴えることで大人の共感を引きだします。親は、痛みを想像しながら、「子どもは大切」という思いを強めます。痛みへの思いは、子どもとの関係を深めてくれます。

関わりたい気持ち

　あそんでもらう、笑わせてくれる存在。そういう相手とは、楽しいから、面白いから、もっと関わりたいという気持ちを強めます。楽しければ、子どもはよく話を聞いたり、よく見て真似たりします。集中力や持続力もつきます。子どもは人と楽しくあそぶことで、様々なことを学習するために必要な基礎の力を身につけていきます。

43

同じ気持ち

　一緒にあそびながら、「楽しいね」と言われることによって、子どもは目に見えない、触ることもできない自分の気持ちに気づくことができます。「壊れちゃったね、悲しいね」とことばをかけられて、自分の気持ちが「悲しい」という名前なのだと気づけます。

　あわせて「楽しいね」「悲しいね」などのことばを耳にしながら、相手も自分と同じ気持ちなのだと感じていることでしょう。

違う気持ち

　子どもにも、それぞれの好みがあります。それはおもちゃやあそび、食べ物などにあらわれてきます。自分の好みでないと、拒否することもあります。

　また3歳くらいになると、自分の「好き」な気持ちを表現しだします。食べ物や洋服などで、自分の「好きな方」を選びたくなります。それを無視されると、怒る姿も見られます。子どもは自分の気持ちを主張しながら、人と気持ちが違うことがあると学び始めるのです。

悩み 2

父親の私が、3歳児のHを一人で育てています。Hはおとなしく、保育園でも特に目立ったトラブルはないのですが、担任の先生から、なかなか目が合わず、話しかけても反応が薄いことが気になっていると言われました。

ADVICE

　H君のように応答関係を築きにくい子どもは、自閉症スペクトラムなどの障害を視野に入れる必要がありますが、これまでの周囲の大人の関わり方など、環境的要因があることも考えられます。

　幼い時からの関わり方として何が大事かというと、まず7、8か月頃の外界を感じ始める時期に、その「感じ」をことばにして語りかけることです。外に出たら「暑いね」「寒いね」「きれいな花だね」など、日常的な普通の会話です。一緒にあそぶ中での「面白いね」「楽しいね」、食事をしながら「おいしいね」といった関わりの中でのことばかけも大事です。子育てにおいてごく当たり前のことと感じるかもしれませんが、それが自然に行われていない場合もあるので、振り返ってみましょう。

　今後はできるだけ応答的な関わりを意識して接することが大切です。ただ話しかけるだけではなかなか反応しないかもしれないので、H君が好きなあそびをしている時、その横について同じあそびをするところから始めましょう。電車であそんでいたら、後ろにつなげて走らせたり、積み木を高く積んで「すごいね」と喜んだり……あそびを通して共感を示していくことで、保育園でも少しずつ友達や保育者に興味をもち、外に目が向くようになっていくでしょう。

　子どもは1歳頃、何か見つけると、指さし・手さしをしたり、「あ、あ」と声を出したりして、その発見を知らせ、共感を求めるようなしぐさをしますが、この時しっかりこたえてもらえないと、子どもの共感を求める行動は少しずつ弱くなってしまう可能性があります。

3 プラスの感情、マイナスの感情

前向きな気持ち

　楽しい、うれしい、面白い、わくわくするなどは、子どもを前向きにする気持ちです。前向きになれば、人との関わりや物事への取り組みも、プラスにとらえてきっと充実することでしょう。

　子どもの気持ちがプラスに傾くようにする、ことばかけが大切になります。子ども同士があそんでいる時に、「楽しいね」「面白いね」ということばかけをすれば、そのあそびが終わった後に「楽しかった」という記憶になります。そういう思いが残れば、子どもたちはまたあそびたくなることでしょう。

後ろ向きな気持ち

　悲しい、つらい、悔しいといった気持ちは、マイナスの気持ちだからといって、人の心から取り除くことはできません。子どもも、大切なものや人をなくしたり、病気になったりすれば、不安や恐怖にとらえられるかもしれません。ただ、4歳頃からあらわれる不安などが、「失敗しないよう」、物事に対して丁寧に取り組ませたりもします。

　5歳頃から、「あした遠足だから、早く寝よう」と考えだすようになります。寝坊しないように、あるいはよく寝て備えようとしだします。こういう「備える力」も、失敗したくないという恐れから起こるともいえます。

　後ろ向きな気持ちにさせる不安や恐怖ばかりが心を占めているのはよくありませんが、成功や安心、安全につながることもあるので、なくなればいいというわけではありません。

子どもはポジティブ・シンキング

　プラス・マイナスの相反する感情ですが、それぞれに役割があります。重要なのは、2つの感情のバランスだと思います。

　子ども時代は、「楽しいこと」「面白いこと」をよく覚えています。一方で「いやなこと」「つまらないこと」は、あまり記憶に残りません。子どもの気持ちは

前向きでプラスに向いていると、情緒は安定しています。

　ただ、子どもにも悲しい出来事、悔しいことが起こります。この時に大切なのは、その悲しみや悔しさを一緒に受け止めてくれる、親の存在です。受け止めてくれる存在がいることで、子どもは悲しみや悔しさを忘れることもできるでしょう。そういう存在に慰められ、励まされ、本来のポジティブ・シンキングがとれるようになります。

COLUMN

マイナスの感情と社会性の発達

「寂しい」「悔しい」が社会性を育てる

　1歳未満の乳児期から喜怒哀楽の感情はありますが、1歳を過ぎた頃から感情のあらわし方がはっきりし始め、2歳台になると、喜怒哀楽を言語化するようになります。3歳過ぎには、寂しいということばも聞かれるようになります。このようなマイナスと思われる感情は、前述の通り、社会性の発達にとって、とても重要な意味をもつことがあります。

　例えば、「寂しい」ということばが聞かれだすのは、友達とあそぶことが増えてくる頃から。「だれかと一緒にあそぶのは楽しい。だからだれともあそべないのは寂しい」というように、人を求める気持ちにつながり、他者の「寂しい」気持ちへの共感が、相手を思いやる優しい行動へとつながっていきます。

　また、4歳前後で自分の得手不得手がわかってくると、ほかの子より劣っている部分が見えたり、勝負に負けたりして、「つらい」「悔しい」という気持ちを経験します。この時期に大切なのは、親や周囲の人から認められること。同じ頃、子どもは、自分がうまくいかなかった時に、「頑張ったよね」と言って、努力を評価してほしがるようになります。これは、「失敗しても大丈夫」と言われ、人から認められた経験から、自己安定感が育っている証拠です。自己安定感がないと、「できそうもないけれど頑張る」といった挑戦する気持ちが起こらず、競争場面になると参加しないということになりやすいのです。

「すねる」に要注意

　関わり方によっては成長のきっかけとなるマイナスの感情ですが、中には気になるケースもあります。それはマイナスの感情から「すねる」姿が長引くこと。勝負で負けたり、何かができなかったりした時に、ひどくすねて、人に乱暴したりものを壊したり、という行動もあらわれます。人（特に親）から認められ、自己評価の高い子どもは、マイナスの感情から立ち直ることができるのですが、認められた経験に乏しく自己評価が低いと、気持ちの切り替えが難しく、なかなか立ち直れません。

　「すねる」状態は、ひどくなると修復が難しくなってくるので、乳幼児期にこそ、その子のありのままを認め、自己安定感が育つように接することが大切です。

4 ことばで確認する

物事や気持ちの程度をはかる

　「今日はとってもいい天気だね」と子どもに話しかけると、「この天気がいい天気」だと、子どもは理解します。「いい天気でさわやか、よかったね」と続けば、さわやかで、「いい天気＝よいこと」だと学びます。

　「少し曇りだね」と言われれば、曇りであることと、程度が「少し」なことを知ります。

　このように子どもは4歳頃から、「少し曇り」「ちょっと面白い」「すごく楽しい」など、物事や気持ちの程度をはかり始めます。

話し手は、よき聞き手

　相手の感じと自分の感じが同じであることを、ことばで確認する中で共感が生まれます。雑談的な、でも共感を生む会話は、子どもの成長にとって大切な

意味をもちます。もしもこのような会話がなければ、基本的な共感が生まれにくくなります。

「今日はいい天気ですね」と話す人は、相手が天気の話に興味があると思っているから、そういう話をします。会話では、「話し手は、よき聞き手」といわれる理由です。答える人も、多くの場合は「本当にいい天気ですね」と答えるでしょう。答える側も、話し手の意図をくみ取りながら答え、そして会話は進みます。

子どもが、「話し手は、よき聞き手」に成長するためには、このような日常会話が大切です。

乗り越えていく体験

「ちょっといやだったけど、頑張ってやれたよ」「すこし難しかったけれど、教えてもらいながらやった」と子どもたちは言い始めます。自分の気持ちを乗り越えて、できるようになったことを報告するようになります。子どもは乗り越えていきながら、自分への評価をプラスにすることでしょう。それが、自尊心を高めてくれます。

子どもが見せる「乗り越え体験」ですが、こういう体験が子どもの本当の自信につながるように思います。

支えることば

　ただ、一人で乗り越えていくのが難しい場合があります。気質的に内気という子どももいます。

　こういう場合は、「できた・できない」で評価しないようにしましょう。「よく頑張ったね」「いっぱい練習していたね」というように、結果ではなく、子どもが頑張ったプロセスを評価します。

　また、できない時には、「今度はできるよ」「じょうずになっているよ」とことばをかけ、子どもの気持ちを支えましょう。

5 あそびを通して共感する

同じものに興味をもつ

　子どもたちが電車のおもちゃであそんでいます。同じあそびをしながら、子どもたちは交わりません。2歳頃によく見られるこういう姿を、「平行あそび」といいます。ただ、子ども同士は、ちらちらとほかの子どものあそび方を見たりします。そして後になって、ほかの子のあそび方を真似する子どももいます。

　平行あそびだから交わっていないのではなく、互いに刺激し合っているようです。

気になるもの・人に近づく

　子どもは3歳くらいから、好きなことがはっきりとしてきます。好きなものには近づき、触ろうとします。これは人に対しても見られます。好きな子があそんでいると、近づいていき動きを見るようになります。最初は、恐る恐るだったりしますが、慣れてくると近づいて同じおもちゃであそぼうとしだします。子どもの行動で、「近づく」というのは関心の高まりを示すようです。

「好きなものが一緒」、だからあそびたい！

　そういった姿が3歳になると、2、3人であそびだします。1人であそぶよりも、複数の方が発想も豊かになり、あそびがダイナミックにもなるのでしょう。その方が面白くなります。

　好きなあそびが同じだとわかると、その子のそばに行こうとします。好きな友達の発生です。そうなると、好きな子の名前をよく言うようになります。また、同じようなあそびに興味をもち、一緒にあそんだりします。関係ができてくると、園に行くのを楽しむようになります。ほかの子に近づき、いろいろと真似ることが増えてきたら、よい関係が生まれていると考えてよいでしょう。

　年齢が上がってくると、結びつきが強まることがあります。この時の結びつきが、10代・20代までも続く子もいます。

　関係が長く続く子たちを見ていると、親同士の関係も良好なことが多いよう

です。特に母親同士の関係が強く良好だと、子どもたちの関係もよいようです。

集団であそぶ

　4歳台になると、少人数から変化して集団であそぶようになります。椅子取りゲーム、フルーツバスケットなどの集団あそびでは、ルールを理解し、それを守る力が必要になります。

　最初の頃は負けて悔し泣きをする子どももいますが、しだいに泣かなくなってきます。集団あそびは子どもに感情のコントロール力を求めるからでしょう。

　集団あそびをしながら、応援したり、負けた子を慰めたりする子も出てきます。応援や慰める行動は、人との関係を作り、深める働きがあります。こういう行動を「向社会的行動」といいますが、社会性の発達にはなくてはならないものです。

共感をベースにまとまる

　保育園で、子どもたちが、保育者の読み聞かせに聞き入っています。真剣に聞いているのが、話もしない静寂にあらわれています。先ほどまで、走り回り声を上げていたのがうそのようです。子どもが聞き入っている姿に、集中力が傾けられているのがわかります。皆の集中が絵本に向かい、静寂が保たれます。こういう時には、子どもたちの気持ちが一つに向けられています。子どもたちは暗黙の了解のもと、共感をベースに一つにまとまっています。

共感から生まれる熱狂

　子どもたちの共感は、例えばドッジボールをしている時にも起こります。互いに、試合の中で「勝つこと」に気持ちを一つにしていきます。こういう時、一つになることで「勝ちたい」という思いが強まっていきます。

　１、２歳では、共感ははっきりとは生まれませんが、年齢が上がるにつれて、確かなものになっていきます。社会的共感ともいえるようなものが生まれ、目に見えないけれど互いの結びつきを強めていきます。

　年齢は上がりますが、サッカーなどで「熱狂する」のも、共感が強く関係しています。自分の好きなチームが勝つと応援した集団で喜び、逆に負けると悔しくなります。この集団的な共感が生まれるから、熱狂へとつながっていきます。この熱狂が生まれるから、試合は盛り上がります。試合を楽しむためには、熱狂は必要不可欠なものともいえます。

　このような熱狂は幼児期からあそびの中でも見られ、仲間との結びつきを強めてくれるのです。

友達・仲間とのつながり

　友達や仲間との信頼感をベースとした結びつきは、とても強いものがあります。そういうつながりは、後々まで続いていくでしょう。

　記憶について、大学生に質問したことがあります。そうすると３歳頃の記憶は、園に行きだしたとか、家族で旅行したなどの記憶が残っているようです。年齢が上がるにつれ、その記憶から家族が薄らいでいきます。小学校高学年になると、家族の記憶は、病気やけがの記憶が残りだします。家族との旅行も、事実としてよりも、写真や映像などで強まるようです。

相談相手の変化：家族から友達・仲間へ

　相談相手が家族から切り替わるのは、仲のよい友達の存在です。あるいはスポーツなどの集団競技での仲間との記憶が強くなりだします。大会で優勝したなどの記憶は、強い思い出として残ります。家族から、友達・仲間への移行が進んでいきます。

高校生以降になると、友達・仲間の存在が大きくなり、相談相手は家族とともに友達・仲間がキーワードになっていきます。さらに年齢が上がってくると、友達・仲間との旅行などが盛んになっていき、海外に行く子たちも出てきます。友達や仲間と長い時間行動を共にすることは、子どもの社会性の成長にとり、必要なことと思えます。

　相談相手が家族から友達・仲間になっていくのは、仕事に就いた時の準備なのかもしれません。いろいろな情報を得ることが、職に就けば必要になってくるでしょう。

　子どもの成長を見ていくと、友達や仲間との関係が発生し、それがその後に重要な意味をもってきます。けんかをしたり、仲直りをしたりしながら、「人を理解し、関わり方を学んでいく」のでしょう。子どもの成長は友達・仲間の存在が必要であり、その後の日々に影響します。

COLUMN

「不安」を「人」によって　解消される経験が大切

　「不安」という感情は、子どもの発達過程に仕組まれていて、なくてはならないもの。乳幼児期の育ちの過程では、次のような形で「不安」があらわれてきます。

- **8か月頃から…人見知り**
  見知らぬ人への不安が始まる。

- **10〜12か月頃から…物や場所への「見知り行動」が始まる**
  着ぐるみを怖がるのも「物」への見知り行動。入園当初泣くのは園という「場」への見知り行動でもある。

- **2歳頃から…経験から不安を感じる**
  ホールで節分の鬼を見たことから、ホールに行くのを嫌がるといった行動が見られる。

- **3歳頃から…ことばで不安を解消しようとする**
  「おばけいないもん」「おかあさんはおしごと」など、自分で口に出して落ち着こうとする。

- **4歳頃から…不安が内在する**
  心の中に不安が生まれ、「なんとなく不安」という、見えないものへの不安を感じる。目に見えない「人の感情」に興味をもつのもこの頃から。

- **5歳頃から…不安に「備える」ようになる**
  「不安」を避けるための行動が見られる。「あしたは遠足だから、早く寝よう」というのも、失敗しないように「備える」行動の一つ。

- **6歳頃から…不安を共有しようとする**
  わざわざ不安を発生させ、それをほかの人と共有することで安心を得ようとする。お化け屋敷で友達と手をつなぐなど、互いの心の中に不安があることを確認し合っている。

　このように「不安」は、発達過程の中、様々な形であらわれますが、そこで大事になるのが「人との関わり」です。子どもが不安を感じて泣くと、親は抱きしめたり慰めたりして「関わり」ますが、そういった不安の表出によってできる愛着や「人によって不安を解消される」経験がとても大切で、その経験により、基本的な「人への信頼感」が育つのです。対応として、3歳頃までの不安には、「大丈夫。あなたはここにいていいんだよ」というメッセージを伝えます。その際、「大丈夫？」と聞くと、ますます不安になることがあるので、「大丈夫？」より「大丈夫だよ」と言いきることが大切。そのことばで子どもは「守られている感じ」を得ます。こういった経験を積み重ね、4〜6歳には、不安を自分で避けようという「備える」行動が始まるのです。

保育 CALENDAR

1月	2月	3月	4月	5月	6月

新年度準備・保育書フェア

- 正月
- 節分
- 発表会
- ひなまつり
- 春休み
- 卒園
- 入園
- こどもの日
- 春の遠足
- 運動会

※ ●●●●は園行事、•は一般的な行事で

新年度 保育者になったら「保育力UP!」シリーズ

保育に役立つ
アイディアがいっぱい！

新年度 1年間の保育をサポート

年齢別・保育資料の
決定版！

新年度 担任が決まったら指導計画を

見通しをもった
保育ができる！

1年中 三法令の理解に

イラストたっぷりで
わかりやすい！

1年中 あそびはCD付きで

運動会・発表会にも使える！

1年中 食育の心強いサポート

計画から実践、
お便り作りまで！

※この目録は2024年8月段階での商品ラインナップです。場合により商品のご用意ができないことがあります。また、定価・価格

発達支援

多様な子どもたちの発達支援
藤原里美／著
AB判　96p
定価1,760円(本体1,600円+税10%)
9784054062870　2015年6月刊
子どもの姿と対応、支援の背景、保護者サポート、クラス運営。発達が気になる子への対応を詳しく解説。

CD-ROM付き
多様な子どもたちの発達支援　園内研修ガイド
藤原里美／著
AB判　128p
価格2,420円(本体2,200円+税10%)
9784054062887　2015年6月刊
行動のとらえ方／行動観察と記録／環境支援ほか、発達が気になる子をチームで支援していくための園内研修をサポート。

多様な子どもたちの発達支援　園実践編
藤原里美／著
AB判　96p
定価1,760円(本体1,600円+税10%)
9784058017302　2022年4月刊
保育環境づくりや個別支援など、発達が気になる子どもたちを支えるために園で取り組める支援メソッドを、豊富な事例とともに紹介。

保育者が知っておきたい
発達が気になる子の感覚統合
木村順／著
B5変型判　128p
定価1,760円(本体1,600円+税10%)
9784054056831　2014年7月刊
発達が気になる子どもへの理解と対応について、保育者が知っておきたい感覚統合の基礎的な知識と遊びのプログラムを紹介。

発達が気になる子の個別の指導計画
酒井幸子・田中康雄／監修
AB判　128p
定価1,760円(本体1,600円+税10%)
9784054056060　2013年7月刊
作成に苦慮しがちな「個別の指導計画」について参考となる書式や、本を使った指導実践例を広く紹介。

すべての子どもの育ちを支える
わらべうたセラピー
久津摩英子・星山麻木／著
AB判　112p
価格2,860円(本体2,600円+税10%)
9784058017432　2022年3月刊
保育の中でさまざまな姿を見せる子どもたちの育ちを支えるわらべうたを63曲紹介。音源CD&うたがすぐ確認できる二次元コード付き。

0.1.2歳児
愛着関係をはぐくむ保育
帆足暁子／著
B5変型判　128p
定価1,760円(本体1,600円+税10%)
9784058010136　2019年2月刊
0.1.2歳児保育に欠かせない「愛着関係」について解説。事例を通して、わかりやすく子どもと保育者のかかわりを紹介。

気になる子のために
保育者ができる特別支援
小平雅基・中野圭子／監修
AB判　96p
定価1,430円(本体1,300円+税10%)
9784054059771　2014年7月刊
発達障がいの基礎知識や、園現場で気になることの背景と対応、保護者との付き合い方などを解説。

0～5歳児
発達が気になる子のコミュニケーション力育て
山本淳一／監修　松崎敦子／著
B5変型判　128p
定価1,760円(本体1,600円+税10%)
9784058011799　2020年6月刊
発達が気になる子のコミュニケーションにかかわる5つの力をレーダーチャートで分析。子どもが伸びる、保育者の援助がわかる。

気になる子、障がいのある子、
すべての子が輝くインクルーシブ保育
広瀬由紀・太田俊己／編・著
AB判　128p
定価1,870円(本体1,700円+税10%)
9784058011362　2020年3月刊
障がいのある子を含む保育の在り方として、近年注目を集めている「インクルーシブ保育」を、豊富な事例でわかりやすく解説。

カードシアター・パネルシアター

おなじみの歌であそぶ 0〜3歳児
簡単カードシアター12か月

学研教育みらい／編
265×370mm（B4カード16枚・解説書32p）
価格2,420円（本体2,200円＋税10%）
9784057504643　2014年2月刊
「こぶたぬきつねこ」「おつかいありさん」など、おなじみの歌に合わせて、簡単シアターが演じられる。

おなじみの歌であそぶ 0〜3歳児
簡単カードシアター12か月
もっとおもしろしかけ編

近藤みさき／著
265×370mm（B4カード16枚・解説書32p）
価格2,420円（本体2,200円＋税10%）
9784057505084　2015年2月刊
「ぞうさん」「いぬのおまわりさん」など、歌に合わせて演じられるシアターセット第2弾。

おなじみの歌とお話であそぶ13作品　0〜3歳児
簡単カードシアター12か月
はたらくくるま／おおきなかぶ

近藤みさき／著
265×370mm（B4カード16枚・解説書32p）
価格2,420円（本体2,200円＋税10%）
9784057506128　2017年2月刊
「はたらくくるま」や「3びきのこぶた」などに合わせてシアターを演じられるセット。

おなじみの歌であそぶ16作品　0〜3歳児
もっと簡単カードシアター12か月
写真カード付き

近藤みさき／著
265×370mm（B4カード16枚・解説書32p）
価格2,420円（本体2,200円＋税10%）
9784057507286　2020年2月刊
「こぶたぬきつねこ」など写真カード付きシアターセット。保育のすきま時間、誕生会にも。

1年中使える　2〜5歳児
簡単ペープサート

ピコロ編集部／編
265×370mm（B4カード16枚・解説書32p）
価格2,420円（本体2,200円＋税10%）
9784057505640　2016年3月刊
童謡（「チューリップ」「アイアイ」）や行事（十五夜、ひな祭り）など保育で1年中使えるペープサート集。

わくわくパネルシアター　にじ
ふだんの保育で　お誕生会で
卒園式・発表会に向けて

松家まきこ／指導
280×380mm（Pペーパー8枚・解説書16p）
価格4,950円（本体4,500円＋税10%）
9784057002439　2021年4月刊
名曲「にじ」がパネルシアターに。あの歌詞の優しい世界観をパネルシアターで再現！

パネルシアター
はらぺこあおむし

エリック・カール／原作　月下和恵／構成
261×367mm（Pペーパー8枚・解説書・保存袋）
価格5,238円（本体4,762円＋税10%）
9784057002033　2012年10月刊
絵本『はらぺこあおむし』がパネルシアターに！　見ごたえのある工夫がいっぱい。
™ & © 2024 Penguin Random House LLC.
All rights reserved.

パネルシアター
もったいないばあさん

真珠まりこ／原作　月下和恵／構成
263×368mm（Pペーパー8枚・解説書・保存袋）
価格5,500円（本体5,000円＋税10%）
9784057507620　2021年2月
もったいないことしてないかい？「もったいない」ってどういう意味？　ものを大切にする心が育つストーリーです。
©真珠まりこ／講談社

パネルシアター
りんごかもしれない

ヨシタケシンスケ／原作　月下和恵／構成
262×368mm（Pペーパー8枚・解説書・保存袋）
価格5,500円（本体5,000円＋税10%）
9784057508436　2023年2月刊
世界11言語で翻訳された大人気絵本『りんごかもしれない』がパネルシアターで登場！
©Shinsuke Yoshitake/Bronze Publishing Inc.
2024 Printed in Japan

3章

自我の育ち

「自分」を発見し、「自分」を主張するようになる子どもたち。やがて「他者」を知り、関わることで、「自分」の意識——「自我」も成長していきます。

自我に関わる発達過程表

0歳
- 人見知り・8か月不安が見られる

1歳
- 社会的参照行動が始まる
- 「ほしい」という気持ちが高まる
- 「自分」の発見
- 「自分の」という意識をもつ
- 自分の意思を表現するようになる

ちょうだい

2歳
- 思い通りにしたい気持ちが強まる
- 他者を意識し始める
- 社会的承認欲求が芽生える
- 「できた」と報告する
- 自他の分離が始まる
- 「自分で」という意識をもつ
- 「一緒に」を使い始める
- 相対的な見方ができ始める
- 「はんぶんこ」がわかる
- ことばで気持ちをあらわし始める（社会化の始まり）

〜をしたら〇〇する

3歳
- 「なんで?」と質問するようになる
- 「好き」という気持ちが高まる
- 社会的承認欲求が高まる
- 順番を意識し始める
- 好きなもの、したいことへの主張が強くなる
- 大人の役割に気づき始める（決定権の理解を含む）

4歳
- 思いだす、振り返るようになる
- 人の内面（感情）に気づき始める
- 理由をつけて主張するようになる
- 人の評価を気にし始める
- 「〜かもしれない」と思い始める

5歳
- あこがれの発生
- じゃんけんを理解し始める
- ルールを理解・ルールを守ろうとする
- 「恥ずかしい」という気持ちが出てくる
- 「勝ちたい」気持ちが強まる
- 仲間意識・帰属意識が芽生える
- 自他の能力の違いに気づく
- （失敗しないように）備えるようになる

泣く子は赤ちゃん

6歳
- 感情コントロール力をつけ始める
- 道徳や一般的知識で判断するようになる
- 泣くことが恥ずかしいと思うようになる

● 「いや」が多くなる

だめ！
◯◯の！

● ものの取り合いが多くなる

● 反対語の理解が始まる

これは大きい
こっちは小さい

● 反対類推力がついてくる

● 「あげる―もらう」がわかるようになる

● 仲間の発見
● 少人数であそぶ
● 並ぶことができ始める（列はぐちゃぐちゃ）

● 「（自分も）入れて」と言うようになる
● いじわるの発生

バカ
ウンチ

● 人のいやがること、汚いことばを使うことがある

● 順序数がわかり始める
● 集団であそぶようになる
● 全能感・挑戦意欲が高まる

お兄（姉）ちゃん
みたいに
なりたい

● あこがれに近づきたいと思い始める
● 練習に励むようになる

● セクシュアル・アイデンティティの確立
（自分の性を意識する）

● 人の目を意識してきれいに並ぼうとする（列をつめたり、まっすぐにしたり）

※この章の内容に関連の深い事柄の発達過程を示しました。
この表はあくまでも目安です。発達には個人差があります。

59

自分を発見…… 自我の芽生え

　子どもの発達の目的の一つは、「自分で考えて、判断し、行動できるようになること」とされます。赤ちゃんには、大人のような明確な「自分」という意識はないようです。それが、外界と関わることで、いろいろなものを感じ、知り、記憶し、想像し、考えるようになり、その中で「自分」という意識が形作られていくと考えられています。

　幼い子が、鏡に映る自分の姿を不思議そうに見つめます。この頃から、自分の姿形や動きに気づき始めるともいわれます。

1 「自分の」という気持ち

取られたくない

　1歳の子どもは、例えば、自分のお母さんがほかの子をひざに抱くと、自分もお母さんのひざに乗ろうとします。中には、ほかの子が座っているのがいやで、押しのける子もいます。お母さんに対して、「自分の」という意識が生まれているのでしょう。大切なお母さんです。自分を守り育てる愛着の対象でもあります。だから、ほかの子に取られたくないのです。

　自分があそんでいるおもちゃ、お気に入りのものについても同じです。ほかの子から取られそうになると泣いたり、髪を引っ張ったり、時にはかみついたりして「いやだ」という気持ちを表現します。この時にも、「自分の」という気持ちが働きます。

　「自分の」大切な人やものを取られたくない、この思いが強まることが、子どもの中に「自分」という意識を形作っていくのかもしれません。

「ほしい」「いや」「やっていい？」　～強まる周りとの関わり～

　子どもは、自分という意識が強まるとともに「ほしい」という気持ちもはっきりとしだします。「ちょうだい」と言って、欲しいものややってほしいことをねだるようになります。

　同じ頃、「いや」もよく聞かれるようになりますが、この「いや」は、相手に対して「やめて」とか「やらないよ」と要求することばです。子どもは徐々に、自分の意思を表現するようになってくるのです。

　また、大人の顔色をうかがうようにもなります。やっていいかどうかを大人に確認する、「社会的参照行動」の発生です。大人に確認しながら行動した方が、きっと安全で、痛い思いをしなくて済みます。何かをする時に、親や年長者に確認しながら進めた方が失敗も少ないことでしょう。社会的参照行動は、子どもが短い時間に合理的に適切な行動を学ぶのに効果的です。

　このような子どもの姿を見ると、少しずつ自分という基地ができ始めるような印象があります。自分という基地をベースに、周りとの関わりが増え、また、関わりの内容も年齢とともに複雑になってきます。

2　ワーキングメモリの成長

覚えられる量

　例えば1歳過ぎの子どもです。大人から「○○ちゃん、おいで」と呼ばれ、子どもがよちよち歩きだすと、そこに、ボールが転がってきました。子どもは気を奪われ、ボールを追いかけていきます。ここで、子どもが呼ばれたことを忘れ、やってこない時には、子どもの頭の中には大人のことばが記憶されていません。それとは反対に、一度はボールに気を奪われるものの、近寄ってくれば記憶していたことになります。

　このように、頭の中に短期に記憶しておける力をワーキングメモリといいます。呼ばれたことを忘れた子は、ワーキングメモリが未形成となります。思いだして大人の所に向かう子は、ワーキングメモリが1つはあることになります。

　覚えられる容量は年齢とともに増加していきます。例えば、「今からお絵かきをするよ。クレヨンと画用紙を持ってきて」と子どもに言ったとします。子どもが「クレヨン」と「画用紙」を自分で用意したら、2つのことを覚えられるようになったといえます。簡単な段取りを立てられるようになる4歳台から、このような姿が見られるようになります。

大人の指示は難しすぎ？

　ところで大人の指示は、たくさんのことが織り込まれ、ワーキングメモリの容量が小さい子どもにとっては、難しすぎることも多いようです。

「廊下を走ると、ほかの子とぶつかって危ないから、ゆっくり歩かないとだめだって言いましたね」は、4つの意味をもつ文章で成立しています。ワーキングメモリの容量が3つになるのは7歳くらいとされますから、幼児に理解させるのは難しいと思われます。

大人の容量は、7±2とされます。大人は自分の容量を基準にして子どもに話してしまいがちですが、注意が必要です。話す時には、文章をつなげず短く切る、一文一意を心がけるだけで、子どもにはわかりやすくなります。

例えば「走ると危ない」「ぶつかっちゃう」「ゆっくりと歩こうね」というように言い換えましょう。

2種類のワーキングメモリ

ワーキングメモリには2種類あります。ことばだけで話しかけると、「言語性ワーキングメモリ」が働きます。絵や写真、ジェスチャーは「視空間性ワーキングメモリ」となります。子どもにはことばだけではなく、視空間性ワーキングメモリに残るような、映像で訴えるような働きかけも大切です。

3 ことばの力と相対的な見方

反対を類推する

　「これは大きい」「こっちは小さい」というように、人間は物事の状態を反対語で理解する傾向があります。2歳台になると、この反対語がわかり始めます。

　ただ反対語には「大きい―小さい」など見て比較するものから、「夏は暑い―冬は寒い」といった感じ方に関する内容があります。また、「象は重い―ネズミは軽い」といった場合、象を実際に量ることはできず、人の話や物語などから学ぶことが多いでしょう。これは知識系ともいえます。

　反対語は、年齢とともにわかることばが増え、小学校低学年になるとさらに反対語の理解が深まります。

広がる見方

　比較する力の発生は、例えば「大きい車」というように、「車」としてしか見られなかったものを、2つの要素で認識できるようになったことを示します。1つのことばだけではなく、見ているものがいくつものことばで表現できることもわかってきます。

　「赤いリンゴ」「冷たい水」なども同じです。やがて、「リンゴは赤くて、丸くて、おいしくて、果物なんだよね」と表現できるようになっていくのですが、物事を多面的に見る、そのスタートラインとなります。

ことばの力で自分の動きをコントロールする

　ことばには3つの役割があるとされます。1つは物事を知り、考える時に使うということ。もう1つ、人とのコミュニケーションに使うというのも、ことばの重要な役割です。

　そして3つ目には、運動の自己コントロールという役割があります。「手はおひざ」と言われた時、子どもが手をひざに置きます。これは、子どもが自分の手に対して「ひざに置く」と指示していると考えられます。子どもは「チッチ（おしっこ）」「くっく（靴をはく）」とひとり言を言うことがあります。これは自分の

体に、「おしっこをするよ」「靴をはくよ」と指示しているともいえます。

　運動のコーチが、「手を大きく振って」「ももをあげて」という指示を出します。そのことばに従って、体の動きを変えていきます。ことばが、体の動きを支配できることがわかります。

　ものを乱暴に扱う子は、「そっと」「優しく」「静かに」といった扱い方を、ことばで学んでいないのかもしれません。動きの激しい子は、「手はおひざ」「待つ」「じっとする」ということばの意味をわかっていない可能性があります。

　子どもに、「そっとね」「待っててね」などのことばが伝わるようになると、子育てはぐんと楽になるといわれています。普段の生活の中で、「じっとして」「手はおひざ」などを意識的にことばにして、子どもがことばで自分の体をコントロールする力が身につくようにしていきましょう。

4　思い通りにしたい

思い通りにしたい　〜恐るべき2歳児〜

　「自分で」と言い、自分で何でもやりたがることが2歳前後から強まってきます。自己主張が強まったこの姿を「自我が出てきた」と表現する人もいます。赤ちゃんの時は、されるがままでしたから、自己主張する姿に、自我が出てきたととらえるのも、わかる気がします。

　「自分」という意識が形作られてくると、あわせて「自分の思い通りにしたい」という気持ちが強まってきます。洋服を着る、靴をはく、食事をするといった生活の場面で「いや」を連発して、親を手こずらせます。そこで、この時期の子どもを「恐るべき2歳児」と呼んだりもします。

　ただ、子どもの発達の目的の一つは、「自分で考えて、判断して、行動できるようになること」です。親の言う通りにしていては、自分で判断して行動できるようになるという、発達の目的を達成できない可能性があります。

　子どもが「いや」と言う姿は、自分で判断して行動できるようになるための、

65

その入り口に立ったともいえます。創造力、注意や持続力、作業能力など、あそびの中で飛躍的に成長した姿を見せるようになる時期でもあります。

　ただ、自己主張しながらも、まだ理屈をじょうずには言えません。自己主張だけが激しくて、話し合いにはなかなかなりません。

決定権の誤解

　自分で何事も決めたがる時期ですが、子どもの要求をうのみにすると「自分で決めないと納得しない」ようになる可能性があります。帰らないと言ってぐずる、着ないと言って泣く、欲しいと言って騒ぐ、といった子どもは、決定権を誤解している可能性があります。

　「帰るか帰らないかを決めるのはお母（父）さん」というように、だれが決めることかを明確に伝えましょう。もちろん、自由にあそぶ時は子ども自身が決めてよいと伝えます。

　自分の思い通りにならない時に、けったり、たたいたりする子がいます。こういう子どもたちは決定権を誤解しています。自分のストレスを発散する時に乱暴するくせがつくと、人と安定した関係がもてなくなる恐れがあります。決定権を誤解させないようにしましょう。

折り合いをつける
〜はんぶんこ、順番、じゃんけん〜

　「自分で」と、何でもやりたがり、また自分で決めたいと思う子どもですが、徐々に思い通りにはならない体験を積んでいきます。例えば2歳の子どもは、「はんぶんこ」がわかってきます。本心では「はんぶんこしたくない」のですが、大人から言われて分け合うことができてきます。子どもは分け合いながら、時には誇らしげでもあります。

　子どもは成長に合わせて、自分を抑制する方法を理解してきます。3歳になると「順番」がわかり、自分の番を待つことができるようになります。5歳になると、じゃんけんで負けたならば我慢しなくてはいけないと考えだします。

「はんぶんこ」「順番」「じゃんけん」は、ほかの子どもたちと関わる時に必要な力です。この「折り合える力」は、発達の目的の一つでもある「社会化」（年齢相応に振る舞えるようになる）の成長になくてはならないものです。

悩み3

2歳児のAは、自我の強い子です。特に、出かけた先から戻ってきた時や昼寝をしようとする時、ダダこねが激しくなります。先日も、外であそんでいた時になかなか家に帰ろうとしないので、なだめて連れて行こうとしたら、思いきりたたかれ、「ママ、いや！」と言われてしまいました。子どもの言うことだからと理解しようとしても、自分の対応の仕方が悪かったのか、信頼関係が築けていないからなのか……とも思えて、落ち込んでしまいました。

ADVICE

　まず、自分のせいだとは思わないようにしましょう。この時期は自我が芽生え、何かにつけて「やだやだ」と言い始める頃で、特にこうした自我を強く出すことがあります。

　そのうえで、関わり方として大切にしたいのは、「決定権は親にある」と伝えていくことです。Aくんが何をいやがっているのかを一歩引いて観察し、「○○がいやなんだね」と受け止めたうえで、でも、家に帰ること、着替えること、食事することなどは、「お母（父）さんが決めること」だと、繰り返し伝えていくのです。

　それでもしばらくこの「やだやだ」は続くと思いますが、発達の過程であらわれる姿であって、必ずこの時期は過ぎるという見通しがもてれば、ずいぶん楽になるでしょう。

　「育っていく過程で、だれもが必ず通る道」であり、成長している姿だと前向きにとらえましょう。

5 他者の発生

「できた」を報告し、評価を求める

　子どもは2歳前後から、「できた」と報告するようになってきます。「できた」という報告を受けて、大人は「まる（○）」「できたね」「じょうずだね」と評価します。子どもは、よい評価を受けて笑顔を見せます。子どもにも、大人と同じように社会的に承認されたいという気持ちがあります。そこで、この「まる」「できた」のことばが、子どもの承認欲求を満たすのです。

　これはまた、社会的参照行動と似て、子どもが適応するうえで獲得すべきことばや行動などを、じょうずに教わる早道でもあります。

　子どもが「できた」と報告しないと、承認を求めていることをキャッチしにくくなります。2歳を過ぎても「できた」を言わない、承認を求めない子どもには、「できた」を言える環境を作っていくことが大事です。例えばP.33で述べたように、何かを教えることで、「できた」という状況を意図的に作っていくのもよいでしょう。

評価や指摘を受け入れる……学習の基本形

　周りから「まる」「できた」と評価されて満足する、「違うね」と指摘されてやり方を変える、こういう姿は、学習の基本形ともいえます。この基本形がわかるから、園や学校で大人から素直に学ぶことができるようになるのでしょう。

　あわせて子どもは、「大人＝教えてくれる、評価してくれる人」「自分＝教えてもらう人」という役割の違いにも気づきだします。役割の違いに気づくことが、「決定するのはだれか」ということへの理解（決定権の理解）を促すようです。

「なんで」……相手のことをわかりたい、話がしたい

　2歳後半くらいから、子どもは「なんで」と周りに質問するようになります。他者の存在、その役割がわかってきた後に、「なんで」という理由を聞く姿が見られだします。

　この時から始まる「なんで」「どうして」「なぜ」ですが、子どもが成長するにつ

れ、質問の内容は高度で複雑になります。この頃の子どもは、「なんで」と言いながら、質問への答えよりも、話がしたいために使うこともあるようですが、子どもの好奇心を伸ばすためにも、質問には答えた方がよいでしょう。

　例えばレストランに行った時に、親がスパゲッティを注文すると「なんで？」と聞いてきます。こういったことがいろいろな場面で見られるようになってきます。子どもは、何かを決める時には、「〜だから」と理由が必要なことに気づき、それを表現するようになってきます。スパゲッティを頼んだのは、「おいしいからだよ」と言われれば、次に注文する時に「おいしいからスパゲッティにする」と答えるかもしれません。

　「なんで歯磨きするの？」に「虫歯にならないように」と答えると、「なんで虫歯になるの？」と続けて聞いたりします。それに対して「ばい菌で虫歯になるの」と答えると、さらに質問してきます。延々と続く質問ですが、歯磨きをするための理由を理解することで、子どもは歯磨きの大切さを学びます。「なんで」を使い理由を学ぶことで、子どもは行動の基準を獲得していきます。

自分なりの理由（考え方）がある

　一方的な自己主張が強い時期から、理由が言えるようになると、話し合いができるようになります。考え方の相違を明確にし、どちらがいいかを「議論」しだします。幼いなりに、自分なりの理屈があると、簡単にはゆずらなくなるでしょう。自分なりの理屈がある、つまりは考え方があることは、これから成長するにつれて必要なことです。

　人の言うままになる子に対しては、「自分の考えを言いなさい」と注意することが多いでしょう。人の考えを自分のもののように話すのは、精神的に自立していく時に、決して好ましいことではありません。この自分なりの考え方は、大人になっても期待されます。

自分で考え、判断し、行動できるようになるために

　自分なりの考え方は、3歳前後から始まり、とても大切な時期であることがわかります。この時期に、子どもの話を聞きながら、理由の大切さを教えていくとよいでしょう。

　発達の目的の一つは、「自分で考えて、判断し、行動できるようになること」とされます。また、あわせて、判断したことを、年齢相応の形で表現できることとされます。自分なりに判断できることは、人にむやみに左右されないことにもつながります。

　子どもは、素直な方がいいと思われがちですが、自立していくためにはただ素直なよい子では、問題が起こる可能性があります。親に言われるままに、それを行動の判断基準としていると自分の考えは生まれません。指示や命令のままに行動するのは、自分が主体的に生きたことにはならないでしょう。自分で考えて判断、行動することが大切です。

　子どものいさかいも、考えの違いから起こることがほとんどです。考えの違いを明確にし、その場では納得できなくても、理解の道筋に導くことが必要です。

　自分の考えと違う人を知ることは、大人になっていく時に必要な、大事なことです。自分の考えと違う人を否定したり、排斥したりするのは社会性の成長にとりプラスにはなりません。いろいろな考えを認め、時には話し合い、理解を深めることが必要です。

他者を意識…… 自我の発達

　子どもは、少しずつ自分で考えて、判断し、行動できるようになっていきます。赤ちゃんの頃は泣いて騒いでいたのが、抑制力がつき、「ことばで表現する力」がついてくるのです。とはいえ、4歳前後では未熟な姿も見せ、学童期に向けての過渡期ともいえる状態です。

　また、この時期には、過去を振り返る力がついてきます。過去を振り返り、人の評価も気にしだします。人の内面に気づき、あわせて自分の内面にも気づいていきます。他者への意識もさらに高まり、その役割にも興味をもつようになります。

① 「好き」という気持ち

自分の思いを大切に

　「自分の」から「自分で」へ進む子ども。そして3歳台になると「好き」という気持ちが高まります。「自分の好きなもの」がはっきりしてくると、例えば、外食の際に親が決めたメニューをいやがるようになります。自分が好きで行きたい所を無視されると怒ったりします。「自分の好きなことを尊重されない」ことで、自分を否定されていると感じているかのようです。

　親は、子どもがもっと小さい頃から「○○が好きなんだよね」「これが大好きでしょう」とことばをかけます。この頃の子どもには、本当は「好き」という気持ちはわかっていないのかもしれません。しかし、親は「好き」という気持ちに気づかせ、掘り下げるためなのか、何度も「好き」ということばをかけます。

　人間は、人との関わりの中で形成していく「性格」と、もって生まれた「気質」があるとされます。例えば「のんびり屋さん」という気質は生まれつきのものであり、性格と違って基本的には変わらないとされます（成長するにつれ、変化することはあります）。

人の多様性を生むもう一つの要素が、「嗜好性＝好きなこと」です。好きなことがそれぞれ違うから、人は多様性があるともいえます。

　小さい頃から子どもに「好き」ということばを投げかける親は、子どもの本来もっている嗜好性を無意識に育てようとしているのかもしれません。そのことがまた、人の多様性を確保することにつながるでしょう。

「好き」と「もって生まれたもの」

　好きなことが違うから、自分は自分ともいえます。おそらく、子どもは幼い頃のことを忘れていきます。自分は何が好きで夢中になったのか、どんなものにハラハラ、ドキドキしたのか、成長するにつれ思い出せなくなります。

　だからこそ、親や周囲の大人は、幼児期の子どもの姿を記憶し、青年期になった時に伝える必要があるのかもしれません。幼児期の姿には、もって生まれた気質や嗜好性といった、自分を知る秘密が隠されているからです。

2　役割に気づく、そして役立ちたい

役割・仕事の発見

　料理をしていると子どもが近寄り、手伝おうとします。3、4歳の子どもは、大人のやることをよく見ています。例えばレストランで、働く人をじっと見つめます。お店でレジを打つ人にもそうです。子どもが「仕事」という概念を獲得するのはもう少し後ですが、人のやることに関心が向いていることがわかります。

　大人の仕事に目を向けだしたならば、一緒にできるようにするとよいでしょう。もちろん、時間の許す時、危なくない範囲で、ですが。

大人を真似る

　大人の真似をしながら、子どもは仕事には手順があることを知ります。また、よく見て、ちゃんと話を聞かないと失敗することを学びます。丁寧に扱わないと壊れるものがあることも発見します。「仕事によるしつけ」ということばがあります。子どもは大人の仕事を真似することで物事を学び、その学び方を体得していくのです。

　日本の子どもは物事を実際に行う、「実行機能」が弱いとされます。自分の体を動かして、失敗を通して学ぶといった体験が少なすぎるのかもしれません。実行機能に問題があると、大人になった時の社会参加がうまくいかないともいわれます。小さい頃から、お手伝いも含めて役割をもたせたい理由がそこにあります。

役立ちたい　〜「ありがとう」のもつ力〜

　お手伝いといたずらとの境目がはっきりとしないこの頃ですが、子どもがじょうずにできた時、役目を果たした時には「ありがとう」と言いましょう。

　子どもは、大人の命令のままに動くのをきらいます。この先、6歳前後になると、「命令ばかりしないで」と抗議するようにもなります。自分で考え、判断し、行動することを「自己形成」といいますが、命令に従うのみでは、自己形成がうまく進まないから反抗するのかもしれません。

ただ、一緒に生活していると、どうしても指示や命令が必要な場合があります。この時、子ども自身に指示や命令と感じさせなくするのが「ありがとう」ということばなのかもしれません。「ありがとう」と言われた子どもは、親が自分に期待していることを知ります。もう小さい子ではないと、感じるようにもなるのでしょう。

　子どもが何かを学ぶ目的の一つに、できないこと・知らないことを学ぶことがあげられますが、もう一つの忘れてはならない学びの目的が、「人の役に立つ」です。人の役に立ちたいという意識を強めるのが、「ありがとう」のことばでもあります。

3 内面への気づき

笑われたくない

　それまでは、人から笑われた時に喜んでいた子どもが、ある時変わります。笑われると怒るようになります。笑われることは、時に「ばかにされている」と思うのかもしれません。笑われて怒りだす子どもは、人の思いに気づき始めたともいえます。笑われることでハッピーになれていたのが、そう思えなくなるということなのでしょう。

恥ずかしい

　子どもが徐々に難しい課題に挑戦しだすと、失敗することも出てきます。ミスしたことがわかると、「恥ずかしい」という気持ちも生まれてきます。

　子ども同士は、互いの失敗を笑い合います。例えば、ある子が「スイカ」を「スカイ」と間違って言うと、「スカイだって」と言って笑います。笑われた子も笑います。そうすることで過剰に「恥ずかしい」という気持ちを抱え込まないで済みます。失敗したことが心に残ると、再挑戦できなくなることもあるでしょう。

　笑われると怒りだす子が出てくるという話をしましたが、そういう子どもでも、友達と笑い合うことで気持ちが和らぐことがあります。仲間の笑いは、「失敗なんてたいしたことない」と思わせてくれるのです。親も、子どもの失敗を細かく注意するのではなく、笑いとばすような関わりも大切です。

　この時期、すでに人の評価にとても敏感な子がいます。「だめ」「できない」というマイナス評価ばかりを受けていると、物事に挑戦する意欲も勇気も、もてなくなってしまうことが考えられるのです。子どもとの関わり方には十分な配慮が必要です。

「わざと」と「わざとじゃない」

　4歳頃から、人の内面が気になりだします。例えば、ほかの子がぶつかってきた時に、それが「わざと」なのか「わざとじゃないのか」が重要になります。「わざと」の時は仕返ししなくてはならない（と子どもは思います）。「わざと

じゃない」時は「ごめんなさい」と相手が謝るでしょう。悪意がなかったことを表明するのです。

　ところが、「ごめんなさい」の意味を知らない子どもは、ぶつかっても押し黙ったりします。ぶつかられた子は、仕返しするか許すかのどちらを選択すればいいのかで混乱します。時には立ち往生して、泣きだしたりします。

　こんな時は間に入り、「わざとじゃない」ことをあらわす「ごめんなさい」を言うことを子どもに教えていく必要があります。

表情と本心の違いに気づく

　同じ頃、子どもは、「お母さんは怒っているけど、本当は違うよね」と話すようになります。表情（怒った顔など）と本心には、時に違いがあることを理解しだします。これも、目に見えない「人の内面」の存在に気づきだした証拠です。

　この頃から、何かの役を演ずるあそびに熱中しだす子もいます。歌に、気持ちを込める子もいます。

COLUMN

人をからかう子ども

　4歳頃、人の内面（感情）に気づき始めると、「人をからかう」という姿も出てきます。「認めてほしい」思いから、人のいやがることをしてしまう一方で、気になる相手、仲よくなりたい相手の感情を引きだすために、わざといやがることを言うこともあるのです。

　例えば、だれかに向かって「変な顔」と言うと相手が怒る……見えていなかった「感情」が引きだされます。感情の中でも特に「怒り」は引きだしやすいため、人の感情を逆なでするような言動がとても多くなります。

　「ウンチ」「バカ」など汚い言葉を発して喜ぶのもこの頃で、親としては頭の痛い時期ですが、感情的にならないことです。「今は、そういう時期なんだ」と認識し、時に聞き流し、必要に応じて「そういうことは言ってはいけない」としっかり伝えるなど、冷静に対応していきましょう。

　5歳を過ぎる頃には、人の感情をもてあそぶのはよくないということがわかってきて、からかうようなことは少なくなっていきます。相手の感情を引きだしたかったら、「喜ばせる」「楽しませる」といった方法の方が、互いに幸せだということが、人と関わる経験を通してわかってくるのです。

4 自分の考え

優先順位の違い

　子どもと親の優先順位は違います。例えば4歳の子どもに、「着替えなさい」と指示すると、素直に言うことを聞く子もいますが、「だって、あそんでるの！」と反論する子もいます。

　親は、生活をまわしていく、スケジュール通りに進めることが頭にあります。そのために、「早くやりなさい！」と言います。一方、子どもにとっての優先順位は、着替えよりもあそびの方が先です。ですから、頭ごなしに指示しても、聞き入れがたいことがあるのです。

　この場合、親側の優先順位を、子どもに伝えなければなりません。ただ、その伝え方も子どもの理解度によって変えていく必要があります。例えば、「1番目（ファースト）」「2番目（セカンド）」といった順序数がわかるようになる4歳以降なら、「○○の次に△△」という理解ができるので、「あそびが終わったら、着替えようね」という譲歩が通じることがあるかもしれません。

　まだ順序数の理解が難しい子どもには、「一緒にやろう」と言って、子どもと行動を共にすることで、親の優先順位を伝えていく方がよいでしょう。

「だって」　～理由を言わないとわかってもらえない～

　大人に反論しだすと子どもは、「だって」を使うようになります。理由を言わないと人は自分のことをわかってくれないと思うようになるのでしょう。人の言動の背景にはなんらかの理由があることを、気づき始めるともいえます。「だって」を使うことによって、子どもの言語表現力は成長していきます。

　さらにこの先、6歳頃には、「だから」を使い始めます。「○○しなさい」の指示に、「だから、今△△してるでしょ！」と、自分には正当な「理由」があると主張するかのように「だから」を使い、その理由が相手に理解されないと、非難めいた口調になってしまいます。その頃には、「傘を持っていきなさい」と命令口調で言われると、「命令ばっかりしないでよ」と怒ったりします。「雨が降りそうだから、傘を持っていったら？」と、命令ではなく理由をつけて提案する形にした方が、子どもは従いやすくなるでしょう。

ほかの子に命令する子どもは、6歳前後になると友達とのトラブルが増えだします。理由をつけた提案型の表現でないと、納得できなくなるからでしょう。

「どうして〜だろう？」　〜自問自答する〜

　4歳くらいから「どうして〜だろう？」と、ひとり言ですが自問自答しだす子がいます。理由の存在に気づき、自分なりに考えるようになるのです。こういう子どもも、理由のない一方的な指示や命令には従わなくなることがあります。その場合は、「〜だから……したら？」という提案型の表現が有効かもしれません。

　自問自答する子どもの中には、日本語に厳密で、親の話したことや知識を覚えていて、反論する子がいます。「素直じゃない」「かわいげがない」と、周りから思われたりしますが、そういう特性があるととらえて見守るとよいでしょう。

悩み 4

3歳児のKは、ブロック、積み木に砂あそびと、数人であそぶようになってきているのですが、おもちゃの取り合いなど、ほかの子と一緒にあそぶ場でいざこざが絶えません。まだことばのやり取りは十分ではないので、たたいたり、けったりが始まり、泣いてしまう……という状態です。けんかも大切だと思うのですが、わが子と相手の子に対して、どうしたらよいのか困っています。

ADVICE

　子ども同士のトラブルへの対応ですが、その子どもたちの年齢・発達に合わせて対応を工夫していくことが大切です。
　例えば、3、4歳頃は気持ちが大切な時期なので、たたいたりけったりする前に、「Aちゃんは、これが欲しかったんだって」「Kちゃんはもっと使いたかったんだって」というように、それぞれの「気持ち」をことばにして双方に伝えてみましょう。こうした対応を繰り返すうち、相手の気持ちに気づき、自分の気持ちはことばにして言わなければいけないということがわかってきます。
　やがて「気持ち」に理由をつけて「考え」としてあらわすようになってきます。そうなると「○○だから、△△したかったんだよね」というように、それぞれの子どもの「考え」を言語化していくことが大切になります。
　このように丁寧に関わっていると、子どもたちは徐々に大人に助けを求めなくなり、子ども同士でトラブルを解決しようとし始めるでしょう。6歳を過ぎる頃には、「けんかでは、たたいた方が悪い」というように道徳的に理解するようになってくるので、理論だててジャッジする子どもの姿も見られるようになります。

5 記憶と振り返る力

思い出す力

4歳前後から、これまでやったことを思いだせるようになります。振り返れるようになる、過去が意識化されるといえます。

ただ、この頃に「昨日、何をしましたか？」と聞いても、正確には答えられないでしょう。「昨日＝過去のすべて」という理解だからです。

周りの評価を気にする

思いだせるようになると、例えば園の連絡帳に何が書いてあるかを気にするようになります。また、自分が失敗したりして恥ずかしいと思うことを連絡帳に書かないでと言ったりするようになります。周りの目を意識するようになります。

2歳頃の子どもは、自分の思い通りにしたくて周りと衝突します。それでも、主張せずにはいられません。それが成長するにつれ、少しずつ折り合いがつけられるようになり、4歳頃には内面の存在に気づき、社会的な評価にも敏感になってきます。この頃に、夜泣きが激しくなる子がいますが、記憶できるようになることと評価に敏感になることが影響しているのかもしれません。

「初めての記憶は、何歳のものですか？」と質問すると、多くの人が「3、4歳」と話します。「自分の」記憶ですから、この頃から自分という意識が形成されていることがわかります。またあわせて、記憶が残りだすことも示しています。

自己修正する力

　記憶することができ、振り返れるようになると、反省して自己修正もできるようになるようです。子どもの中には、思いだすことが苦手な子がいます。自分の言動を振り返れない子どもに、過去のことを注意してもあまり効果的ではないでしょう。

　こういうタイプの子どもには、思いだせるように、「さっきは何をした？」というようなことばをかけていくとよいでしょう。こういう関わりを続けていくと、思いだす習慣が身につくようです。

自分の考えを主張…… 自我の成長

「自分の」→「自分で」→「自分の好きなこと・人」と、意識は成長していきます。この頃から、ほかの子への意識が競争や複数の人数であそぶことなどを通じて強まっていきます。

自分についても、ほかの子と比較しながら、少しずつ理解が深まります。友達との言い争いなども見られるようになり、「自分の感じ・考え方」がはっきりしだすといえます。

1 「勝ちたい」という思い

場面を見つけては競争する子ども

4、5歳くらいになると、例えば外出する時に、家族の中でだれが一番先に車に乗り込むかで競争するようになります。歩く時も、自分が先に行こうとしたりします。いろいろな場面で競い合い、「自分が勝ちたい」と思っていることがはっきりとしてきます。

なお、この「勝ちたい」という意識は、子どもによって差があります。競争よりも、ほかの子と仲よくすることを好む子どももいます。「協調性が高い」タイプの子どもです。

競争心が強まると、「椅子取りゲーム」や「フルーツバスケット」など、多人数でのゲームに熱中するようにもなります。あるいはチームという意識が生まれ、チーム対抗の競争を楽しめるようにもなってきます。

勝ちたいという気持ち

競争心が生まれ、「勝ちたい」という気持ちが強まってきますが、いつでも勝てるわけではありません。当然ですが、負けることもあります。すると勝ちた

い気持ちが強い子どもは、悔しさをこらえきれず泣いたり、怒ったりします。

　もともと「負けず嫌いの勝ち気」な子もいますが、そういう子どもでも、そのうちに泣かなくなります。負けることに慣れる、勝ったり負けたりは仕方がないという認識が深まるのでしょう。あわせて、自分の気持ちをコントロールできるようになります。

負けても悔しがらない

　負けても騒がなくなっていく子どもですが、中には競争場面が得意でない子どももいます。

　例えばドッジボール（中当て）。子どもは日頃から、「人に物を投げてはいけない」と教わっています。スポーツでも、あらゆる球技において、球を人に当てると「反則」とみなされます。ところがドッジボールはそのルールが適用されません。そのあたりで混乱することもあるのかもしれませんが、ボールを人に当てることをきらう子どもがいます。気質的に競争する、相手を負かすことについて積極的になれない子どももいるのです。

2 ほかの子と比較する

自分の得意、苦手を知る　〜メタ認知の芽生え〜

　ほかの子と競い合うことで、子どもは自分と他児の能力を比較するようになります。自分と他児を、ある程度客観的に比較できるようになるともいえますが、その中で、自分の得意なこと、苦手なこともわかり始めます。

　自分自身について、他者からどう見られているかを理解する力を「メタ認知」といいます。メタ認知が形成されると、「こういう話をすると笑われる」「こんなことをしていると人からばかにされる」という意識が生まれます。大人のような見方ができるようになる「メタ認知」の力ですが、9、10歳で形成されるとされます。幼児期では、メタ認知の力は不十分ですが、その兆しは始まると考えられます。

できるようになるという確信

　4、5歳の子どもに、「かけっこは、クラスで何番目に速い？」と聞くと、「1番目」とか「2番目」という答えが返ってきます。自分のことを肯定的に見ていることがわかります。メタ認知の力が十分ではないので仕方がないのですが、肯定的に自分を評価することは大切です。

　子どもは、なわとびや自転車に乗る練習などで、何度失敗してもめげません。字を書いたり、計算も同じです。繰り返しの練習に飽きず、そして結果的にできるようになっていきます。大人になると、痛かったり、ミスしたりすることが続けば意欲を失いがちです。しかし子どもはめげません。こういう子どもの力、失敗してもめげずに挑戦する力を「自己安定感が高い」といったりします。

　この自己安定感が低いと、挑戦する意欲は下がり、めげずに取り組み続けるのが難しくなります。自己安定感は、承認欲求と関係があるようで、親や周囲の大人は、子どもができたことを認め、ほめる必要があるように思います。

「大人になったら」に答える子ども

　子どもに、「大人になったら何になりたい？」と聞くと、「○○マン」などアニメのヒーローや人気キャラクターの名前を答える段階があります。その次に現実の職業、「運転手さん」「保育園の先生」などと答えるようになります。現実の仕事を言うようになると、二度と「○○マン」とは言わなくなるようです。

　質問に仕事名で答える子どもは、「自分が大人になること」を理解しています。また、「今はできないけれども、必ずできるようになる」という確信をもっているようです。この確信には、自己安定感が作用しているのでしょう。それから、３歳頃から興味をもった「大人の働き」が仕事の名前と結びつき、答えへとつながっていくと思われます。

3 集団への意識

仲間に自分の意見を主張する

　子どもは４歳くらいから、仲間に対して自分の意見を強く主張しだします。このことは争いのもとになりますが、同時に、子どもは争いを起こさないための、いろいろな方法を学んでいきます。自分の意見ばかりではなく相手や友達の意見を聞くこともその一つです。

　泣いたり叫んだりすることは、必ずしもじょうずな方法ではないことも学びます。もちろん、けったりたたいたりの暴力は批判の対象となり、いけない行動であることを学んでいきます。

　子どもは学びのプロセスにいるので、たくさんの失敗やいけないことをします。観察すべきは、注意されたり怒られたりしたことを繰り返すかどうかです。繰り返すのであれば、注意したりしかったりするのではなく、違う方法で理解を促すことです。理解を促すことが、重要となります。

ルールを理解し、守る

　２、３人と少人数であそんでいた子どもが、４、５歳には10〜20人という集団であそべるようになってきます。

　椅子取りゲームや中当てなど、勝ち負けを争うゲームは、子ども同士で対立が生まれることがあります。これは、仲間との駆け引きや、調整を学ぶ場ともいえます。

　集団あそびでは、子どもたちがあそびの内容や目的を理解し、共有する必要があります。また、ルールが明確になっていないと継続が難しくなります。ルールの理解力や言語能力だけではなく、ルールを守る力も必要になってくるでしょう。

　ルールが守れないと、非難されます。けったりたたいたりは許されなくなり、ことばで表現することが要求されます。これは年齢が高くなっても同じで、感情や行動のコントロール力が求められます。

　ルールとともに、仲間内の約束も生まれます。これは、そのグループで自発的に生まれ、守ることを求められます。それを守れないと、仲間とみなされなくなることもあります。

暗黙のルールが理解されていないと、仲間とのいさかいが起こりやすくなります。

感情のコントロール力

　集団であそんでいる時に、泣いたり騒いだりすると、ほかの子たちからいやがられます。このことも、自分で気持ちを抑制する力を高めるようです。

　小学生になると、例えば同級生で泣く子をいやがるようになります。感情のコントロール力がついていない子は「赤ちゃん」で、自分は泣く子と同じではないと思っているかのようです。実際に小学生の子どもに聞くと、「泣くからいやだ」と話したりします。

　集団あそびを通して子どもは、感情のコントロール力を獲得していくのです。

帰属意識

　集団が形成されると、仲間意識が生まれます。例えば子どもに、「好きな子はだれ？」と質問した時に、自分が所属する「○○クラスのみんな」と答えたら、集団が形成されていると思われます。

　また、集団が形成されることで、仲間を守るという働きが生まれるとされます。メンバーを守れなければ、集団は崩壊してしまうからです。

　「だれも、話を聞いてくれない」

　「みんなからきらわれている」

　「みんな、大きらい」

　などと言う子どもは、集団に帰属したことがないようです。このために、集団から守られているという意識がもてず、ほかの子どもたちを否定的に見てしまいます。

　集団あそびでは、メンバー間での目的の共有ばかりでなく、例えば鬼ごっこでの「鬼」のように、ある役割を果たすことが求められます。このほかにも、椅子取りゲームの際に、椅子を用意するなどの役割もあります。

　帰属意識をもてない子には、家庭内で積極的に役割を与えて、「家族」という小さな集団を意識することから始めましょう。

自分の中での対話

　子どもがひとり言を言ったり人形に話しかけたりすることがあります。幼児期によく見られる姿で、この時、子どもは自分の中で対話をしていると思われます。

　親としては不安に思うことがあるかもしれませんが、成長の過程として受け止め、しかったりせずに見守りましょう。

COLUMN

集団がメタ認知を育てる

4、5歳児の集団とルール

　園の4、5歳児のクラスには、みんなで共有する「目的（楽しくあそぶなど）」があり、そのための「ルール（友達をたたかないなど）」を守りながら、それぞれが役割を果たすということが重要になっています。そういった集団形成がしっかりしているクラスでは、保育者が話している時におしゃべりをしたり、友達に乱暴したりする子がいると、子ども同士で注意し、解決しようという雰囲気があります。さらに5歳児にもなると、自分だけができればよいのではなく、「みんなでできる」ことが重要になります。そして運動会や発表会では、クラスみんなで取り組み、成功することが一番かっこいいという意識があらわれてきます。

　このように集団の中で協力し、競い合い、励まし合う経験により、「みんなの中での自分」を意識するようになり、メタ認知が芽生え、だんだんと形成されていきます。したがって、4歳児くらいから、集団で何かをして楽しかった、という経験ができるようになる必要があります。その中で、親も「○○ちゃんはこのクラスだね」「さすが○○組」など、所属を意識できるようなことばをかけるとよいでしょう。

「集団の経験」を大切に

　園で「気になる子」として相談を受ける中には、「友達とあそばない」「部屋から出て行ってしまう」など、集団への帰属意識が弱いと思われる子がいます。そのような子どもたちも、しっかりと集団形成がされているクラスの中にいると、次第に落ち着き、仲間意識が育ってくるケースが多いようです。しかし、個々を大切にする個別対応が行きすぎて、集団での生活を経験せずに4、5歳児期を過ごしてしまうと、メタ認知が形成されないまま成長してしまうということも考えられます。

　家庭や個別対応では経験できない、園ならではの集団の力というものを改めて見直してほしいと思います。

4 仲間への思い

応援する

　集団が形成されると、例えば運動会などのチーム対抗のかけっこの時に、「○○さん頑張って！」など、仲間を応援する姿が見られるようになります。応援することで、結びつきが強まります。

　集団あそびが苦手な子の場合、応援する姿が見られないことがあります。そんな子どもには、ほかの子どもたちの姿をよく見て応援するよう促したり、応援の仕方を教えたりするようにしましょう。

慰める

　ゲームや競争など勝ち負けのあるあそびでは、負ける子が出てきてしまいます。すると、この時期には、負けて落ち込んでいる子を慰める姿も見られ始めます。慰めのことばをうまく表現できないため、悲しそうにしている子に寄り添うといった行動で示す子どももいます。

優しくする

子どもは、「優しい」ということばを使うようになります。優しい行いをする子はほかの子から評価され、好感をもたれるようになります。

　人に順番を譲る、小さい子に優しく関わる、といった向社会的行動は、人との関係を築き、良好にする行動です。しかし、少子化や一人っ子傾向が進むと、小さい子の世話をする機会がなくなっていきます。小さい子に対してどう接したらいいのかを知らない子がどんどん増えていくでしょう。優しい行動を、場面、場面で教える必要があります。

ルールを守る大切さ

　集団あそびでは、勝ち負けへの執着から、ルールを守れるかどうかに、子どもの関心の対象が変わってきます。ルールを守らないと、ほかの子から「ずるい」と注意されたりします。

　ルールを守るから集団あそびが成立します。従って、ルールを守ることが、勝ち負けよりも重視されてきます。負けたことよりも、ルールを守れる自分に自信をもてるようになります。また、仲間を応援したり慰めたりしながら、集団のつながりは強まってきます。

　さらに、負けても泣かない、大騒ぎしないなど「成長していく、大きくなっていく」自分にも誇りをもてるようになるのでしょう。

5 道徳や知識が判断基準に

「強い」と「正しい」

　「『強い』と『正しい』のどっちがいい？」と子どもに質問すると、幼い子は、「強い」を選択する子が多いようです。こういう子に、「小さい子がけんかをしかけてきたらどうする？」と質問すると、最初の質問に「強い」と答えた子は、「やっつける」などと答えます。小さい子を力で負かそうと考えています。

　ところが、子どもは5、6歳のある時期から、「正しい」を選ぶようになります。正しいを選んだ子どもは、「小さい子がけんかをしかけてきたら〜」の質問に対して「やめてと言う」「逃げる」など、争わないという答えをします。「自分より年下の子とけんかをするのは、小さい者いじめ」という認識が生まれてくるのです。

　同じ頃、「牛乳はなんで飲むの？」と聞くと、「大きくなるために飲む」と答えたりします。「野菜はどうして食べるの？」にも、「病気にならないように」と言ったりします。こういう変化から、子どもが道徳や一般的知識、常識などを判断の基準にするようになったことがわかります。

危険なこと、いけないことの教え方

　子どもは危ないことやいけないことをします。そのために、注意する必要があります。中には、しつけと称して、たたくといった行為で教えようとする親もいますが、この時期の子どもに体罰を加えると、親に対して、「暴力を振るう人、悪い人」と子どもが認識する可能性があります。こういう理解が生まれると、子どもとの関係は悪化しやすくなります。

　この時期の子どもは、約束を理解し、完全ではないかもしれませんが、守れるようになります。ですから体罰ではなく、約束や説明を通して、危ないことやいけないことをしないように教えていくことが大切です。

自分の性別

　幼児期に特徴的なのが、「結婚話」です。はじめは「わたし、コロと結婚するの！」など、飼っている犬の名前を出したり、「パパと結婚する」と言ったりしますが、次第にペットや家族の名前は出てこなくなります。そのかわりに異性の子どもの名前がよく登場するようになります。

　自分の性を知ることを「セクシュアル・アイデンティティ」の確立（性の同一視）といいます。子どもが性別を学び、その役割を理解するのは性の同一視から起こるとされます。

　性別がわかってくると、「結婚話」は消えていき、小学生になるとそういう話はおおむねしなくなります。幼児期の「結婚話」は、自分の属する性を理解するために用意されたものなのかもしれません。

　このような姿は多くの子どもたちに見られますが、男の子はこう、女の子はこうといった、決めつけた見方をしないように気をつけましょう。

判断基準を獲得しながら自己を形成

判断基準とあらわれる行動

子どもが「自分」を出していく、その行動は時に「わがまま」ととられがちですが、それによって子どもは様々な判断基準を獲得し、自己を形成していきます。各段階で獲得する判断基準と、獲得する段階であらわれる行動は次の通りです。

- **1歳過ぎ〜…取る、取られる**
  おもちゃなど他児との間でものの取り合いが見られ、取られると怒り、泣いたり、たたいたり、かみついたりする。
- **2歳前後〜…いい、だめ**
  自分にとっての「いい」基準を作って思い通りにしたがり、その基準に反すると激しく抵抗する。「自分で」という主張もそのあらわれ。
- **3歳前後〜…好き、きらい**
  自分の「好きなこと」が明確になって、それを無視されると怒り、尊重するように求める。「個性」のあらわれともいえる。
- **4歳前後〜…勝つ、負ける**
  勝ち負けを意識しだし、勝負にこだわって負けると大泣きすることも。順位を理解できるようになり、1番にこだわる「1番病」も見られる。
- **4歳頃〜…安心、不安**
  心の中に不安が生まれ、「なんとなく不安」という、見えないものへの不安を感じる。目に見えない「人の感情」に興味をもつのもこの頃から。
- **5、6歳〜…善い、悪い**
  「牛乳を飲むと大きくなるから飲む」など知識や道徳で物事を判断、行動するようになる。同時に、自分の道徳基準に反する人を非難する姿も見られる。
- **6、7歳〜…面白い、つまらない**
  同世代の子どもと一緒にいたがるようになり、親といるのは「つまらなく」、友達や仲間とあそぶと「面白い」と思うようになる。

「好き」が個性を作る

各段階であらわれる子どもの行動を受け止めながらも、いけないことはきちんと伝えていきましょう。それにより社会性が発達していくのです。

中でも大切なのが、3歳前後からあらわれる「好き」という判断基準。好きな子ができると、その子と一緒に同じことをしたがるようになり、「好きなこと」が共通している子ども同士であそぶようになります。「好き」という気持ちが「個性」を作り、人をつなげていくのです。幼児期にこの「好き」を獲得するかどうかが今後の社会性の発達に大きく関わっていくので、「○○が好きなのね」などとことばにして、子どもが「この気持ちが"好き"ということなんだ」と意識できるように関わっていきましょう。

4章

自立に向けて

自我の成長に伴い、子どもは自分で考え、判断し、行動するようになっていきます。それは人として生きていくための「自立」に向かう姿です。

自分でできる……
自立する力をつける

　子どもの成長を見ていると、「自分で考えて、判断し、行動できるようになること（自己形成）」を目指していると、つくづく思います。あわせて、親や仲間との関わりの中で、「年齢相応の振る舞い方を身につけていく」（社会化）ようになっていきます。「自己形成」と「社会化」が、発達にとって重要な目的であることがわかります。

　また、成長するのは自己形成や社会化ばかりではありません。体験しながらものや人とあそべるようになっていきます。そして道具を使って、ものを作りだせるようにもなります。

1　イメージする力

イメージして作る

　折り紙を使って、様々なものを作っていく時には、そのものへのイメージがあるはずです。

　例えば折り紙でカエルを作る時には、まずカエルのイメージがなければなりません。ただ、実物と折り紙で作られるカエルは、実は似ても似つかないものです。子どもは折り紙のカエルを作りながら、本物のカエルと同じだと見立てられるようになっていきます。

作りながら想像する

　子どもは、折り紙でカエルの作り方を教わりながら、最初は何を作っているのかわからないのかもしれません。

99

はじめのころ、「○○（を作っている）」と言いながら、ただ適当に折っているだけという段階があります。その時期を経て、親などから、折り方とでき上がりの名前（例えばカエル）を教わりながら学んでいきます。やり方がわかってくると、折りながら最終の姿を想像できるようになるのでしょう。それが繰り返されていくうちに、自分で「カエルを作ろう」と考え、一人で折れるようになります。自分が何をしようとしているのかを明確にイメージして取り組む、それが成長とともに、簡単なものからより高度で複雑なものへと変わっていきます。

かく力

　線の模倣ですが、子どものかく線でだいたいの成長レベルを知ることができます。

- 縦線、横線…2歳半ば
- 閉じた丸…3歳半ば
- 四角…4歳台
- 三角…5歳台
- ひし形…6歳台

　例えば「あ」の文字を考えてみてください。丸い線と斜線が入っていますね。そのため、三角がかける5歳以降にならないと、正確に真似してはかけないようです。

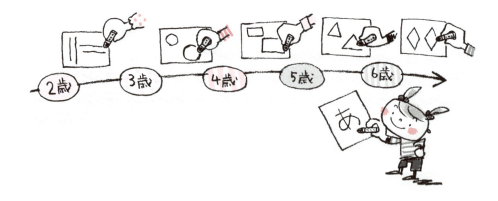

2 やり方を学ぶ

小1プロブレムの原因

　「小1プロブレム」が問題になっています。小学校1年生が、授業中に教室内をうろうろ動き回ったり、床に寝そべったりします。ほかの子とおしゃべりをして授業を聞いていなかったりします。小1プロブレムの大きな問題は、基礎的な学力をつける時期に学習の習慣が身につかないこと。基礎的な学力とは、読み、書き、計算の力です。小1プロブレムを抱え、基礎的な学力を身につけられないと、将来の学力不振につながるとも考えられています。

　掃除にしろ、片づけにしろ、やり方には決まった一定の方法があります。その方法に沿ってやらないと、うまくできません。勉強も同じです。小1プロブレムの原因として、「学習姿勢の未熟」があげられています。学習姿勢とは、人から学ぶ時に必要な姿勢、心構えのことです。これがないことには、学習の習慣もなかなか身につかないでしょう。

学習姿勢の形成

　ある保育園の園長先生が、小学校の授業を見学した時のこと。卒園児たちの姿を見た園長先生は、大変なショックを受けたそうです。学ぶ姿勢がまったく身についていない子どもがいたからです。また、集団では学習姿勢が身につきにくいとも感じたと言います。

　そこで始めたのが、園長先生との「勉強」の時間。年長組の中から2人ずつ教えることにしたのです。

　学ぶ課題は難しいことではありません。先生が教えたいのは、「人の話をちゃんと聞き、教えられたことを真似して行う」こと——学習姿勢の形成です。「勉強」の間は、子どもの集中が途切れないように声をかけ、飽きてきたら課題を変えるようにしています。

決められた時間・回数

　幼児がスマートフォンやタブレットを自在に扱う姿が当たり前のようになりました。スマートフォンや携帯ゲームなどの機器は、子どもの注意や集中を引

きつける刺激に満ちています。目に、耳に子どもが興味をもつような刺激が入ります。それを脳が「快」と感じるようになれば、生身の人間から発せられる刺激は楽しくなくなるのかもしれません。そして結果的に、人から学ぶ能力が弱まってしまいます。

　有名なテーマパークで、開園前に人々が入り口に向かって走りだす姿を見ました。脳が、テーマパークの刺激を「快」と感じ、走らずにはいられなくなったのでしょう。

　このように、子どもの頃からハイテク機器に親しめば、そうした機械的な刺激でしか快感を得られないように脳の嗜好（しこう）が変化させられる可能性があります。子どもが機器を利用しすぎることを警戒し、時間、回数は制限した方がよいでしょう。

3 自分なりに工夫しながら学ぶ

教えてもらう

　子どもは未熟です。だから、親や周囲の大人にいろいろなことを教えてもらう必要があります。

　教えてもらう方法は、例えば人の顔色をうかがうということがあります。やっていいかどうかを、顔色をうかがいながら確認するのです（社会的参照行動）。これによって、やってはいけないことや、失敗を避けることができます。

　「できない」「教えて」という問い合わせの表現も大切です。わからない時に「わからない」と言ったり、周りに助けを求めたりしない子がいますが、引っ込み思案の子の場合には、「わからない時は『わからない』と言ってね」と伝えましょう。

　また、わからないことが何なのかがわからない、という子どももいます。こういう場合は、「わからない」と訴えられないので、何がわからないのかを推測し、手助けする必要があります。

間違いを正すには

　取り組んでいることがうまくできない時、子どもは、どこを間違えているのかがわからないということがあります。そういう場合、例えば折り紙の手順がわからない時には、折り方を順序に沿って説明した絵を示すとよいでしょう。

　また、子どもの中には、自分の間違いを修正できない子がいます。こういう子どもは、「間違っている」と言われても、「間違ってない」と主張したりします。最終的な目標がどういうものなのか、わかりにくいのかもしれません。間違いを認められないことを指摘するよりも、作り方やや方を教え、何が目標なのかを伝えた方が有効のようです。

話し合う

　やり方を親や友達と話し合うことも、子どものイメージ力や段取る力をつけるのに役立ちます。集団での話し合いは４、５歳からでき始めます。

　ただ、子どものワーキングメモリの容量は小さく、難しい手順はわかりません。子どもの話を絵や字でかき留めて、わかりやすくする必要があります。

4 計画・実行・評価

いろいろなお手伝い

お手伝いは子どもに、自分でできることが何かを教え、成長している実感をもたせてくれます。また、親から認められることによって手伝いたい気持ちが高まり、できることが広がっていくでしょう。積極的にお手伝いの機会を作りましょう。

実際、幼児が家庭で行うお手伝いとして、以下のような「仕事」があります。

- **炊事**…食卓の用意、食後の片づけ、調理　など
- **掃除・洗濯**…ふき掃除、掃き掃除、ほこり取り、おふろ掃除　など
- **家事**…買い物で荷物を持つ、靴をそろえる、カーテンの開け閉め　など
- **お世話**…花に水をあげる、ペットにえさをあげる　など

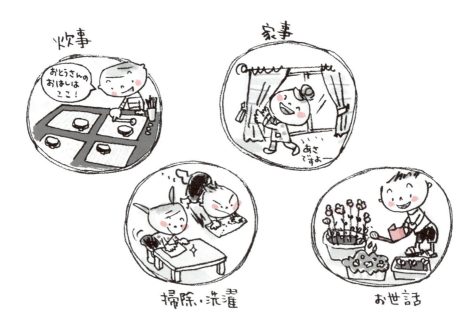

お手伝いで育つ力

お手伝いをすることで、子どもは次のようなことを意識するようになります。これらのお手伝いによって育つ力には、以下のようなものがあります。

- **イメージする、意識する**
  …計画

  何のお手伝いをするかをイメージします。自分のやるべきことを、頭の中で意識できるようになるといえます。

- **段取りを考える、実行する**
  …実行

  今からやることを「どうやってやるか」、何から始めたらいいのかなど、段取りを考える必要があります。最初はうまく段取りが立てられなくても、繰り返すうちにできるようになるでしょう。

- **できたかどうか見分ける**
  …自己評価

  最後に、ちゃんとできたかを見分ける必要があります。物事を適切に評価する力がつきます。

- **評価される**
  …他者評価

  できた時には「できた」と報告し、親が「ありがとう」と返します。それにより、自分はできた、役立ったと思うことができます。

5 自信をもつ

抽象的能力と実行能力

　今の日本には、社会に出ていけない、社会に参加できない若者が多数います。引きこもっている青年の大半は、自分は人の役に立つことはできないと考えているようです。

　本を読んだりして学ぶ際、人は抽象的能力を使います。これは頭の中だけで考えて学ぶ方法です。一方、実社会の仕事では「計画─実行─評価─再計画……」といった流れを理解、体得しておく必要があります。実際に、何かを作りだす、行う時に必要なのは実行能力とされますが、この実行能力を身につけるには、実際の体験が必要です。抽象的能力とは違い、実際にやってみてはじめて身につくともいえます。

　実行能力は幼い頃からの体を使ったあそびや友達との協同あそび、それに家庭でのお手伝いなど、与えられた役割を果たす中で培われると考えられています。乳幼児期の実体験が、成人してからの社会性に大きく影響してくるのです。

本当の自信

　実際にやりたいと思っても、自分でやれないならば自分自身の自信にはなりません。子どもは未熟ですから、できるように教える必要があります。親との関わりが薄く、子ども自身ができることが少なければ自信のない性格になる可能性さえあります。お手伝いなどを積極的に行えるようにし、できることが増えれば、子どもの自信につながるでしょう。

人に教える、役に立つ

　子どもができるようになったならば、自分よりも小さい子やできない子に教えるように促します。

　ある時、小学2年生の女の子2人と話をしました。「どうして漢字の練習をするの？」と聞いたら1人の子が、「わからない子に教えてあげられるから」と答えました。

　もう1人の子に、「どうして九九は覚えなくてはいけないの？」と質問したら、「だって赤ちゃんができたら、教えなくてはいけないでしょ」ときっぱりと答えました。

　勉強する目的ですが、一つには「知らないこと、興味あることを知り、学ぶ」ということがあります。しかしこれ以上に大切なのは、「人の役に立つために学ぶ」ということです。これは、「将来、社会の中で役立つために学ぶ」と言い換えることができます。2人の女の子は、いみじくも学ぶことの重要な目的を教えてくれました。

進級、就学期の期待と不安

「あこがれ」が目的意識に

進級や就学を意識し始めるのは3歳頃からですが、園における3歳児クラスではまだ「大きくなるのがうれしい」という漠然とした期待感で、4歳児クラスになってはじめて「年長さんになるんだ」など、期待の対象が明確になってきます。

これは、4歳頃に芽生える「あこがれ」の気持ちとも関係し、とても重要な発達過程。人は、あこがれによって「ああなりたい」という目標が生まれ、目標に到達するために練習や準備をするようになります。そして5歳くらいになると、このあこがれや目標は、「こういう人、行動、態度がかっこいい」というように、より明確になっていくのです。

目的意識がはっきりして、未来を予想するようになる5、6歳児期には、「失敗したらどうしよう」といった不安感も芽生えます。そしてこの時期に迎える「就学」という未来に、不安を感じる子どもも出てくるのです。

就学への不安の強い子には

就学を迎える5、6歳では、まだ期待の方が大きい子がほとんどですが、不安の強い場合は、親がサポートして、次のような「準備」をしていくとよいでしょう。

- 場所に慣れる
学校見学、校庭開放日、運動会の見学などで小学校という場に慣れるように。
- 機能に注目する
「図書館があるよ」「勉強ができるね」など、学校にあるものやできることによって期待がもてるように。
- 社会的感情を促す
「お兄さん、お姉さんになったね」「大きくなったね」と、成長の喜びを伝える。
- 集団への帰属意識を高める
「○○ちゃんも一緒（の学校）だね」「お友達がいっぱいできるよ」など、友達関係による安心感をもてるよう伝える。

以上のようなことで、小学校生活に対する予想ができ、心の準備が整うことで、不安もだいぶ解消できるでしょう。ただ、不安を乗り越えた時に感じる自信や成長感は、人の育ちにとってとても大切です。親が「転ばぬ先のつえ」を用意しすぎて、乗り越える機会を奪わないようにすることも重要です。

5章

ことばの育ち

人と関わり、やり取りをする中で育っていく
「ことば」。周りの環境に大きな影響を受けなが
ら、子どもは「ことば」を獲得し、豊かにして
いきます。

ことばに関わる発達過程表

0歳
- あやすと微笑む
- 人見知り・8か月不安が見られる
- 共同注視が見られる

1歳
- 喃語(なんご)が盛んになる
- 社会的参照行動が始まる
- 見立て(象徴化)の発生

2歳
- 「これ何?」「だれ?」に答えられるようになる
- 喜怒哀楽がはっきりしてくる
- 社会的承認欲求が芽生える
- ことばで気持ちをあらわし始める（社会化の始まり）
- 「ここどこ?」に答えられるようになる
- 「なんで?」と質問するようになる
- 報告、確認のことばが出始める
- 反対類推力がついてくる
- 「できた」と報告する
- 見立てを言語化するようになる
- 平行あそびが見られる

これ、いい?

3歳
- 「いつ?」がわかり始める
- 社会的承認欲求が高まる
- 「どうやって?」に答えられるようになる
- 少人数であそぶ
- ままごと(役割あそび)を始める

4歳
- 人のいやがること、汚いことばを使うことがある
- 理由をつけて主張するようになる
- アニメや空想の世界に熱中する
- 集団であそぶようになる
- お姫様ごっこ、ヒーローごっこから、劇あそびを楽しむようになる

5歳
- うそをつくことがある

だって……

> 注) ことばの発達は、環境や時代背景などに影響を受けやすいため、その発達過程を表で示すことは、たとえ目安としてでも子どもを安易に評価、決めつけることにつながりかねません。したがって、獲得する語い数やワーキングメモリの発達については、この表からは省いています。

6歳
- 感情コントロール力をつけ始める

※この章の内容に関連の深い事柄の発達過程を示しました。
この表はあくまでも目安です。発達には個人差があります。

応答することで育つ……
ことばの発達と環境

何も話せない赤ちゃん時代から、子どもは大人も含めた環境に反応しながら、徐々にことばを獲得していきます。

ここでは、子どもの社会性の育ちに関連の深い部分を中心に、ことばの発達とその力を伸ばす際に大切な配慮点をあげてみます。

1 応答的環境で育つ

応答する

子どもを育てていく時に大切なことは、「応答的環境」とされています。例えば、赤ちゃんが笑うと、それに対してお母さんもにっこり笑い、「気持ちいいね」と話しかけたりします。赤ちゃんが泣けば、不快の原因を推測し、おむつを替えたり、ミルクを飲ませたり、外に出て気分転換を図ったりします。

本当のところ、赤ちゃんは楽しく思っていないのかもしれません。あるいは不快ではないのかもしれません。しかし、親からの応答で様々なことを学ぶのでしょう。また、応答関係があることで、自分のことを伝えようと思いだすのでしょう。

自分の思いを正確には表現できない赤ちゃんですが、親が応答する中で、自分の思いが何かに気づいていくのかもしれません。だれも応答しない環境だと、「サイレントベビー」になるのではないかともいわれています。

三項関係

お母さんなど、他者が見ているものを、赤ちゃんが注目することを「共同注視」や「まなざしの共有」などと呼びます。

111

同じものを見ることで、例えばお母さんが「ワンワンね」と言えば、子どもは「ワンワン」だと認識できるようになります。反対に子どもが、犬を見ながら「あっあっ！」と言って指をさせば、お母さんは「ワンワンね」と返します。こういう関係を「三項関係」と呼びます。自然に発生する親子のコミュニケーションですが、これはことばを習得するのに重要な働きをします。実際に赤ちゃんを育てていると自然なことに思えます。同じものを見ながらそのことばを教える、それを覚えて確認する親子、まるで日本語を学ぶ教室のようです。

三項関係を築きにくい場合は

　三項関係の成立には大人の関わりが重要なのですが、例えば親に精神的な疾患があると、子どもの要求に気づかなかったり、気づいてもこたえる余裕がなかったりして適切な対応ができないことがあります。また、自分の親との関係が希薄だったため、わが子との関わり方がわからないという場合もあります。すると、はじめは三項関係を求めていた子どもが、こたえてもらえないことから関係を求めなくなってしまうということもあります。

　散歩に出て同じものを見る、一緒に絵本を見る、一緒に一つのおもちゃであそぶ……すべて三項関係です。改めて、こういった自然な親子の関わりを意識して、子どもとコミュニケーションをとってほしいと思います。

社会的参照行動

同じ頃、子どもは親にやっていいかどうかを確認するようにもなってきます。これまで何度も説明してきましたが、この社会的参照行動は子どもの成長において重要な学習方法の一つです。

〈指さしの発達〉

●8〜9か月ころ
母親に抱っこされている時などに、母親が指をさすものを見るようになる。

同じような状況で、興味のあるものを見た時に、その方向に手や指を出す。

●10〜11か月ころ
欲しいものや行きたい方向を指さす。その際、そばにいる相手を見たり、声を出したりする。

食べ物、動物、乗り物など、見つけたものを指さす。

2 コミュニケーション能力

いくつかのタイプと配慮点

　人間は不思議なことに、人から質問されると答えてしまいます。例えば、「これは、なーに？」と聞かれたら、その名前を知っていれば「○○」と自然に答えます。子どもが質問に答えない時には、以下のような理由が考えられます。

●質問の意味がわからない

　質問されている内容がわからないと答えられません。時には意味を誤解して、まったく違う内容の答えになってしまいます。質問文が長すぎる場合も、文章の理解を妨げます。

　１歳の子どもでは「１つの単語」が復唱できる目安です。こういう子どもに、「あそこにある、〜の○○は何？」と質問しても理解できない可能性が高いでしょう。「あそこにあるね」「〜ね」「○○はなーに？」と文章を短く切って（一文一意）尋ねるようにします。

　だいたいの目安ですが、２歳では２語程度、３歳は３語程度しか記憶できないとされます。

　なお、子どもの言語能力は、本人の資質や環境との関係で、個人差が強く出ます。あくまでも目安としてください。

●類推するのが苦手

　知らないことばを聞いた時には、それを真似て発音します。そして自分で知っていることばから類推して、それがどういうものかを判断します。ただ子どもの中には、この類推が得意でない子がいます。

　また、前にも述べましたが、反対語の理解が未熟な場合、反対を類推することが難しくなり、大人のことばが伝わりにくくなることがあります（P.64参照）。例えば、子どもに「走らない！」と注意した時、伝えたいことは「歩く」かもしれません。このことをすぐに感じ取る子もいますが、「反対類推」が苦手な子どもには伝わりません。

　こういう子どもには、「走らない。歩くよ」「立たない。座ってね」というように、注意とともに、求めている行動をはっきりと伝えるようにし

ましょう。そうやって理解を促していくのです。

● **人見知りする・緊張しやすい**

いつもと違うことを聞かれたり、なじみのない人から質問されたりすると、緊張して答えられなくなる子がいます。こういう子どもには、答えをせかさないようにしましょう。親の表情も大切な要素となるので、子どもを緊張させないような表情や話し方を心がけます。

なお、理解しているけれどもどう答えていいか自信がもてないという場合には、似たような質問をして、あらかじめ答え方を教えておくとよいでしょう。

COLUMN

応答的な関わりが
ことばを育てる

コミュニケーションの初期段階は、自分の知っていることばを人に言ったり（「電車ね」）、思いを伝えたり（「怖い」「いや」「したい」）ということから始まります。

そして2歳頃から報告（「ママ、行ったよ」）や確認（「これ、いい？」）のことばが出てきて、次第に、伝達（パパ、おふろだって）のことばも使うようになります。

この時期に大切なのは、応答的な関わりです。子どものことばを聞き、「何をしたの？」「いやだったのね」など、応答し会話にしていくことです。虐待など養育環境の悪さから応答的な関わりが少ない場合、コミュニケーションとしてのことばは育ちにくく、ことばの遅れや、対人関係の困難さがあらわれる心配があります。

子どもには長文で話しかけたり、感情的に話したりするのではなく、短くわかりやすいことばでの応答を心がけましょう。

また、単語はたくさん出るのにコミュニケーションのことばが出ないという子どもの場合、二語文で伝えるとよいでしょう。二語文は、他者を意識して初めて出ることばです。「電車、来たね」「これ、いいのかな？」などと話しかけ、人と関わることばを知らせていくことが大切です。

③ 疑問詞の発達

感じることとわかること

いわゆる疑問詞には、5W1Hがあります。これらは一度にすべてがわかるようになるのではありません。大まかな目安を紹介します。

- **何、だれ（what, who）**…「これ、何？」「だれ？」は、おおむね１歳台から
わかるようになります。
- **どこ（where）**…「ここ、どこ？」は２歳台からわかるようになります。
- **いつ（when）**…「いつやったの？」に「さっき」とか「きのう」と答えられる
ようになるのは３歳頃とされます（正確ではありません）。
- **なんで（why）**…３歳前後から使うようになります。「どうして」はその後に
使いだすようです。理由を表現する時に使う「〜なので」、
「〜だから」がそれに続きます。
- **どうやって（how）**… 例えば、「リンゴはどうやって食べるの？」と聞いた
時に、「かわむくの」と答えられるようになるのは、
おおむね３歳台です。

　なお、疑問詞には助詞がつきます。例えば、所有格の「の」をつけた「だれの」
は、１歳後半でわかります。しかし、「だれが」「だれと」「だれに」といった聞き
方だと、同じ年齢でも答えられないでしょう。使う助詞によって、内容が難し
くなります。

知っている疑問詞を使う子ども

　４歳の子どもが、「何しているの？」と聞いてきます。「見ているんだよ」と答
えると、また「何しているの？」と質問してきます。こういう時の「何している
の？」は、「なんで見ているの？」「どうしてここにいるの？」という意味のよう
です。だから、「見ている」という答えに納得しません。
　こういう場合には、「あそびにきたんだよ」「どんなあそびをしているのかなっ
て、見にきたんだよ」と答える必要があります。

理由を聞かない子ども

　子どもの中に、「なんで」「どうして」と、理由を聞かない子がいます。こうい
う子どもは自分を理解してもらうための表現や、相手のことに関心をもち理解
するという面に課題がある可能性があります。「〜だから○○なんだね」と代弁
し、理由表現の仕方を教えながら、理由に目が向くようにしましょう。

117

主張に理由をつける

　子どもは、1歳後半頃から、「〜したい・いや」という主張をするようになりますが、「どうして？」と聞いても、その理由を答えることはまだできません。それができるようになるのは4歳頃から。「〜しているからだめ」「好きじゃないからいや」「〜したらやるよ」……というように、「いや」に、理由をつけるようになってくるのです。これは、この時期における特徴のひとつで、このような姿になるまでの過程も大切です。

　例えば2歳頃は、「どうしていやなの？」と聞いても「だって、だって」と言いながら、うまく理由が言えない段階ですが、「理由を言おうとしている」気持ちは受け止めてください。「〜なの？」と理由を代弁するのもよいでしょう。

　また、3歳前後には、子どもの方から相手の主張に対して、「なんで？」と聞く姿が見られます。このような質問により、「〜だから」という答えを受け取ることで、子どもは「理由の言い方」を学んでいくようです。

4 読んであげる

多面的な見方が育つ

　ことばの発達で重要な役割をもつのは、子どもを取り巻く言語環境であるとされます。

　三項関係の所（P.111～）でも紹介しましたが、子どもは何かを発見した喜びを親に伝えます。例えば車。親は「ブーブーね」と話します。これで子どもは、自分が注目したものの名前を知ります。そのうちに擬音語・擬態語でなく「くるまだね」と、名前を教えます。そして2歳過ぎには、「自動車」という言い方も伝えます。子どもは「ブーブー＝くるま＝自動車」と考えるようになります。一つのものでも、違った名前、言い方があることを理解します。物事を多面的に見られるようにもなるといえます。物事を多面的に見られるようになるのは、理解力の成熟とともにはっきりとしてきます。

同じ絵本を何度も読んでもらいたい

　子どもは同じ絵本を、何度も読んでとせがみます。絵本の文章が長すぎて覚えられない、だから何度同じ話を聞いても飽きないのかもしれません。それだけではなく、ことばが発達する時期ですから、聞くたびに子どもの理解している内容が変化していく可能性があります。

　例えば、ある日に聞いた絵本の中の「夕暮れ」ということばが、何かわからなかったとします。ところが何日か経ち、「夕暮れ」の意味がわかってきて、そこにお化けの話が出てきたとなれば、怖さは何倍にも増すことでしょう。こういう意味理解の深まりは、言語の獲得期だからこそ起こりえます。

　それとともに、子どもはわからない話でも、類推力を使いながら一生懸命聞くのでしょう。それが絵本の世界だけではなく、物事を理解する手助けにもなっていくのではないかと思います。

空想・想像する力

　絵本や紙芝居を見ながら、子どもは空想し、想像します。どのように理解し、イマジネーションを働かせているのか、子どもの言語能力の未熟もあって、大人には理解しがたいところがあります。

　子どもは、4、5歳くらいからアニメに熱中しだします。空想の世界とリアルの世界の境目がわからなくなったりします。以前は高い所から飛び降りて大けがをする子どもたちがいました。ヒーローが活躍するテレビ番組を見て、子どもはヒーローになりきり飛び降りていたのでしょう。

　「子どもがうそをつくようになった」という相談をよく受けます。これも子どもなりのとらえ方、大人とは違う見方を主張できるようになったという点で、成長でもあります。

悩み 5

4歳半のTが、うそばっかり言って困っています。このままだと将来が心配だったので、担任の先生に相談したところ、「そういう年齢だから、気にしなくていい」と言われました。でも、何度も繰り返すので、「またうそを言って！」としかってしまいました。

ADVICE

　一つの出来事でも、人によってとらえ方、解釈の仕方が違うことがあります。例えば裁判では、人によって物事の見方が違うことがあり、何が真実かが争点になったりします。子どものうそは、その子どもなりの見方ができてきた証なのだと思います。もし、自分なりの見方が生まれないと、人の考え方をうのみにし、その人に従属することにもなりかねません。これでは、自分の人生を生きているとはいえません。

　子どもは、大人にとってはうそと思える話をしながら、自分の意見を創造しているともいえます。このことは、将来の発明や発見につながる能力の開花なのかもしれません。このように、「うそ」を言うようになったことを、発達過程の視点から、プラスにとらえて考えてみるとよいかもしれません。

　ただ、そうはいっても、うそをつかれて困ることもあるでしょう。そういう時は、しかるのではなく「お母さんは、うそをつかれると悲しい」と伝えてみましょう。お母さんとの愛着関係が育っているT君なら、大好きなお母さんを悲しませたくないという気持ちが自分の言動を振り返るきっかけになっていくと思います。

5 役割あそび・劇あそび

子どもの役割

　親には、親だけではなく、夫、妻、働く人、だれかの友人など様々な役割を期待されます。このことは子どもも同じで、様々な役割をもたされます。園に通う子どもという役割だけではなく、家族の中では、お兄ちゃん、お姉ちゃん、弟、妹だったりします。地域でサッカーをやっていれば、チームの中での役割を求められます。

　一般的に、子どもは3歳前後からままごとを始めますが、役割の理解において必要なあそびです。

ままごとで「役割」を理解

　お母さん役になり、赤ちゃんの世話をする子ども。時には動物になったりします。こういう役割あそびを通じて、ほかの人や動物の動きを学び、真似し、そのうちに気持ちや考え方への理解におよぶとされます。

　ままごとに興味をもたない子は、人のもつ役割への関心が薄いのかもしれません。働いている人は、それぞれに役割を果たしています。子どもにその姿を見せて、やっていることを説明し、役割の存在に気づかせたいものです。

役を演じる劇あそび

　お姫様のふん装をして、その役を演じる子ども。ファンタジーの理解と役割を演じる力は同じ頃に発生します。子どもは、いろいろな役を演じながら、思いがけない役に熱中したりします。演じることが、自分自身の可能性を広げ、また自分のことを知るきっかけにもなっているようです。

　あわせて、何が起こるかわからない自分の人生について、何があってもいいように、様々な役割を練習しているのかもしれません。

仲間と一緒にやることと集団意識

　合唱でもダンスでも、リズム体操や劇でも、子どもたちは仲間とともに動く中で、集団意識を自然に形成していきます。この集団への意識ですが、みんなが同じ歌、ダンス、劇を共有し、それぞれに与えられた自分の役割を果たす必要があります。子どもは自分の役割を意識し、出番などあらかじめ決められた通りにしなくてはいけません。

　例えば劇ですが、自分だけがじょうずにできても、みんながうまくできないと成功とはいえません。こういう外側から見た評価の目や、自分の感情をコントロールして集団で演ずることは、子どもの社会性を伸ばしてくれるに違いありません。

「見立てる力」の発達

　見立てとは、「実物ではないものを実物と同じと思うこと」で、「象徴化」ともいいます。子どもの発達においてこの「見立てる力」はとても重要で、「見立てあそび」と、その先にある「ごっこあそび」によって、言語力、想像力、創造力、思考力など様々な力が育ちます。中でも、「多様な視点をもつこと」から「多様な属性に気づくこと」は、知能の発達につながる重要なポイントでしょう。

　例えば、ティッシュペーパーの箱はトラックに見立てることもできれば、犬になったり家になったりもします。このように一つのものをいろいろなものに見立てることで、多様な視点をもてるようになり、その力は、ポストは赤い→赤いはトマト→トマトは丸い……といった「連想能力」にもつながります。知能テストには、一つのものから多様な属性を答えさせるものがあります。多様な視点をもてることと知能との関係の深さがわかります。

　子どもの成長に伴い「見立て」の様子は変化していきます。段階を追って見ていきましょう。

1歳過ぎ〜見立ての発生

　箱を動かして車に見立てるといった姿が見られるようになります。ことばの発生もこの時期からで、箱を動かして子どもが「ブーブー」と言えば「ブーブーね」と返すなど、ことばのやり取りも生まれます。また、「かっこいいブーブー」など、人間独特の意味づけを理解して楽しむようになります。

2歳前後～友達と同じように見立ててあそぶ

平行あそびの時期。同じように見立ててあそぶ子ども同士が他児のあそびに気づき、一つのレールにそれぞれの電車を走らせるなど、部分的に関わってあそぶようになります。こうして個々の見立てが徐々に友達と関わる見立てあそびに発展しますが、その分、おもちゃの取り合いなどでけんかも増えます。また、ことばが盛んになってく
るので、「大きいクマさん」「ガオーガオーって言うよ」など、見立てを言語化するようになります。絵本では現実の生活を題材にしたものへの関心が高まり、「おふろ、チャプチャプ」など、絵本の中のことばを言って自分の体験を振り返る姿も見られます。

3歳前後～見立てあそびからごっこあそびへ

役割分担やテーマの共有が可能になり、見立てあそびはお客さんと店主に分かれたお店屋さんなど、ごっこあそびへと発展。また、5歳頃にはテーマを共有し、役割分担しながらの協同製作も行うようになります。友達と協同することで、互いに創意工夫を触発し合い、他児の感じ方・考え方の違いを知るようになります。

おわりに

　20世紀は、「児童の世紀」とされました。20世紀は、子どものための世紀にならなければならないと考えられました。その前提には、子どもの発達への理解も含まれます。

　現在は、女子高校生や女子大学生のうち、ミルクをあげる、おむつを替える、赤ちゃんをあやすなどの育児体験がない人が多いようです。女性が、初めて子どもを産む年齢は上がってきています。年齢が上がり、しかもわが子初めての育児体験というお母さんが増えているのです。

　「育児体験があることは、子どもの成長によい影響をおよぼす」とされます。ゴリラやチンパンジーでは、群れの中の子どもゴリラを介して育児体験をします。この育児体験がない雌ゴリラは、育児を放棄することがあると報告されています。類人猿と人間を、短絡的に結びつけることは危険ですが、育児において共通点はあるように思います。

　「おばあさん仮説」という考え方があります（アメリカの人類学者クリスティン・ホークスらが提唱）。妊娠・出産を終えた女性がなぜ長生きするのか？　その理由として、「子ども世代に育児体験を伝えることと、孫も含めて文化や価値基準を伝承するため」と考えられたものです。

　人間の歴史とともに営々と続けられてきた育児ですが、時代や国を超えた普遍的な育児書はありません。それは育児においても、時代や子どもへの考え方が影響するからでしょう。育児は体験者でなければわからない面があります。自然科学ではなく、経験科学の要素があります。そこにおばあさんの出番があります。

　例えば、ひな祭りや、七夕、おせち料理。こうした暮らしている土地の文化や価値基準を教える役目も、おばあさんにはあると考えられています。

一方で、祖父母と一緒に暮らす「サザエさん一家」のような三世代同居は激減しています。同居世帯数が減り「おばあさんの知恵」が生かされにくくなっています。

　「育児の孤立傾向」の問題は、なかなか改善されません。その姿は、小説『マザーズ』（金原ひとみ著・新潮社刊）によく表現されています。『マザーズ』にも示されていますが、子育ての悩みを親世代に、また同世代にも相談できない状況が生まれています。その傾向は、さらに拡大するとも予想されています。

　筆者は、九州の炭鉱町で生まれ育ちました。炭鉱住宅での子育ては、「孤育て」の反対です。筆者の体験からの感想ですが、「育児はみんなでワイワイ話しながら、子どもの成長を祝い、子どもたちの多様性を認め合いつつ、お互いに共感、応援し合うべき」と思いますが、いかがでしょうか。

　育児が、当たり前のことではなく、難しいことのように思われるようになった現代です。そこには様々な要因があることでしょう。育児を楽しめるようにするためにはどうしたらいいのか、これからも考えていかなくてはならないと思います。

　本書では、子どもの成長・発達の姿とともに、子育ての勘どころとでもいうべき諸点を提案してみました。子どもの成長を互いに笑い合える、祝い合えるようになってもらえればと祈っています。

湯汲 英史

profile

湯汲英史 EISHI YUKUMI

公認心理師・精神保健福祉士・言語聴覚士。早稲田大学第一文学部心理学専攻卒。
公益社団法人発達協会常務理事、練馬区保育園の巡回指導員などを務める。
『子育てが楽になることばかけ 関わりことば26』（鈴木出版）、『発達促進ドリル』（鈴木出版）、
『なぜ伝わらないのか、どうしたら伝わるのか』（大揚社）、
『決定権を誤解する子、理由を言えない子』（かもがわ出版）など著書多数。

staff

イラスト／セキ・ウサコ　　デザイン／長谷川由美 千葉匠子　　校閲／株式会社麦秋アートセンター

0歳～6歳 子どもの社会性の育て方

2025年5月6日　第1刷発行

著　者／湯汲英史
発行人／川畑 勝
編集人／中村絵理子
編　集／猿山智子
発行所／株式会社Gakken　〒141-8416 東京都品川区西五反田2-11-8
印刷所／中央精版印刷株式会社

この本に関する各種お問い合わせ先
●本の内容については、下記サイトのお問い合わせフォームよりお願いします。
　https://www.corp-gakken.co.jp/contact/

●在庫については　TEL：03-6431-1250（販売部）
●不良品（落丁、乱丁）については　TEL：0570-000577
　学研業務センター　〒354-0045 埼玉県入間郡三芳町上富279-1
●上記以外のお問い合わせは　TEL：0570-056-710（学研グループ総合案内）

© Eishi Yukumi 2025 Printed in Japan

●本書の無断転載、複製、複写（コピー）、翻訳を禁じます。
●本書を代行業者等の第三者に依頼してスキャンやデジタル化することは、たとえ個人や
　家庭内の利用であっても、著作権法上、認められておりません。

学研グループの書籍・雑誌についての新刊情報・詳細情報は、下記をご覧ください。
学研出版サイト　https://hon.gakken.jp/

※本書は、保育者向け『0歳～6歳 子どもの社会性の発達と保育の本』
（Gakken　2015年発売）を保護者向けに調整・一部加筆したものです。